교회는 고정된 건축물이 아니라, 살아 움직이는 생명이다. 『리퀴드 처치,
솔리드 처치』는 급변하는 시대 속에서 교회가 어떻게 유연하게 새로운 형
태의 공동체로 존재할 수 있을지 깊이 성찰한다. 교회는 제도와 구조를
넘어 하나님 나라의 생명을 담아내는 그릇이 되어야 한다. 교회에 대한
딱딱한 고정관념에 갇힌 이들에게 이 책은 해방의 길, 새로운 길을 제안
한다. 변화 앞에서 길을 묻는 당신에게 통찰과 용기를 주는 이 책을 추천
한다.

— 남오성 | 주날개그늘교회 담임목사, 교회개혁실천연대 공동대표

'솔리드 처치'가 그동안 안전한 울타리가 되어주었음은 부인할 수 없으나
이제 그 울타리는 대부분 강고한 벽이 되어버렸다. 그러나 어떤 그리스도
인들은 다양한 '리퀴드 처치'의 네트워크에 자유롭게 영혼을 내어 맡긴다.
그들의 교회는 줌(Zoom)에서도, 거리 예배나 집회 현장에서도, 독서 모
임 등에서도 24시간 연중무휴로 열려있다. 언제까지 예배당 안에서 이루
어지는 경건에만 머무를 수 있을까? 이 책이 소개하는 신학과 이야기, 제
안을 통해서 성령의 임재가 흘러넘치듯 역동하는 '리퀴드 처치'를 새롭게
만나보시길 기꺼이 권하고 싶다.

— 송지훈 | 성서한국 사무총장

'교회는 어떤 모습이어야 할까?', 아니, 애초에 '교회는 이러이러해야 한
다'고 정의할 수 있을까? '우리들의 교회는 올바른 방향으로 향하고 있을
까?' 이 책은 은근슬쩍 안주하며 멈춰 있던, 교회에 대한 나의 고민을 다
시 시작하게 한다. '리퀴드 처치'를 꿈꿔보려는 사람들에게 신학적 상상력
의 문을 열어준다. 또 이미 '리퀴드 처치'를 향해 가는 사람들에게는 '과연
우리가 더 나은 방향으로 가고 있을까?'라고 발자취를 돌아볼 수 있게 해
줄 것이다. 교회에 대한 재미있는 상상. 그리고 그 상상들이 서로 이어지
는 유연함에 참여해 보자.

— 신기열 | 더봄교회 목사, 『새로운 신앙을 만나려는 당신에게』 저자

KB202184

이 땅에 기독교 신앙이 전파되고 교회가 시작된 지 100년이 훌쩍 넘으면서, 성경의 가르침을 실천하기 위해서 모인 신앙공동체는 점차 제도화되고 조직의 모습으로 변모하게 되었다. 또한 그동안 쌓인 관행들로 인해 매우 심각한 문제들이 발생하고 있다. 이렇게 오랫동안 누적된 관습들은 더욱 견고해져서 쉽게 깨뜨리기 어렵다. 그리고 본래의 사명을 실천하는 것보다도 조직 자체를 유지하고 발전시키는 것이 더 중요하게 여겨지게 되었다. 많은 교회들이 세상에 보냄 받은 공동체로서의 사명을 감당하기보다는 교세를 확장하는 데 더 몰두하고 기득권을 유지하려고 애쓰고 있는 형국이다. 조직과 제도는 필요하지만 본래의 공동체성을 약화시킬 뿐만 아니라 존재 목적 자체를 위협하기 때문에 사회학에서는 이를 '제도화의 딜레마'라고 말한다. 이러한 딜레마를 극복할 수 있는 중요한 단초를 제공하는 의미 있는 책이 출판되었다. 이 책은 본질을 훼손하지 않으면서도 새로운, 전통적이면서 미래적인 교회를 제시한다. 한국 교회의 성도들이 교회 본래의 모습을 회복하면서도 이 시대, 이 땅에 적실성 있는 교회를 이루기 위해 꼭 일독해야 할 책이다.

— 정재영 | 실천신학대학원대학교 종교사회학 교수, 『한국교회의 미래 10년』 저자

폴란드 출신 사회학자 지그문트 바우만은 근대의 유동성이 강화되면서 경계와 구분이 흐릿해지고 예측불가능성이 고조되는 현대사회의 특성을 '액체 근대'(Liquid Modernity)로 표현했다. 피트 워드는 이 개념을 현대 교회의 변화에 적용하였다. 경계를 넘어 출현하는 새로운 대안적 교회들에게 이 책이 방향을 설정하는 좋은 자료가 되기를 희망한다. 도시문화의 전문가인 김승환 박사의 번역이라 더욱 신뢰할 만하다.

— 성석환 | 장로회신학대학교 기독교와문화 교수, 『공공신학과 한국 사회』 저자

장소, 전통, 의무를 넘어
관계, 연결, 선택의 공동체로

# 리퀴드 처치
# 솔리드 처치

*Liquid Church*

**피트 워드** 지음
**김승환** 옮김

**북오븐**

# 리퀴드 처치, 솔리드 처치

장소, 전통, 의무를 넘어 관계, 연결, 선택의 공동체로

초판 1쇄 인쇄 2025년 5월 2일 | 초판 1쇄 발행 2025년 5월 9일
지은이 피트 워드 | 옮긴이 김승환

편집 조유진, 이혜성
디자인 디자인스웨터
펴낸곳 북오븐 | 펴낸이 이혜성 | 등록번호 제2020-000093호
이메일 bookoven@bookoven.co.kr
페이스북 facebook.com/bookoven | 인스타그램 instagram.com/book_oven
유튜브 youtube.com/bookoven | 블로그 blog.naver.com/bookoven
총판 비전북 주문전화 031-907-3927 | 주문팩스 031-905-3927
ISBN 979-11-93766-03-3 (03230)

앤드루 워커에게

| **일러두기** |

1. Liquid는 문맥에 따라 리퀴드, 액체, 유연한, 유동적인 등으로 번역하였다.
2. Solid는 문맥에 따라 솔리드, 고체, 경직된 등으로 번역하였다.

# 차례

# 옮긴이 서문

기독교 역사에서 새로운 교회를 향한 갈망은 어제오늘의 일이 아니다. 교회는 변화하는 상황에서 복음의 본질을 붙잡으면서도 시대에 응답하는 공동체를 세우고자 몸부림쳐왔다. 피트 워드의 『리퀴드 처치, 솔리드 처치』는 새로운 교회를 갈망하는 이들에게 신학적 상상력과 실천을 제안하는 좋은 안내서이다. 근대와 탈근대 사회에서 등장했던 솔리드 처치와 리퀴드 처치를 비교하면서 각각의 특징을 분석하고 건강한 기독교 전통과 신학에서 출발한 새로운 교회론의 기준들을 제시한다. 그것은 바로 '유연함', '그리스도 안에', '연결과 네트워크', '페리코레시스'로 표현되는 '리퀴드 처치'이다.

피트 워드는 리퀴드 처치를 주장하기 위해 신구약 성경과 기독교 전통, 다양한 입장의 신학자들의 사상을 연결시킨다. 1장에서 그레이스 데이비, 울리히 백, 마누엘 카스텔, 지그문트 바우만이 등장한다. 2장에서 앤서니 기든스, 데이비드 보쉬, 3장에서 티모시 브래드쇼, 제임스 던, F.F. 브루스, C.K. 바레트, 5장에서 존 지지울라스, 콜린 건턴, 제임스 토런스, 데이비드 커닝햄, 6장에서 로버트 워드나우, 장 보드리야르, 피에르 부르디외, 피터 버거, 7장에서 존 칼뱅, 에버하르트 부쉬, 칼 바르트, 앤드루 워커, 8장에서 토니 월터, 폴 힐라스, 제임스 헌터, 9장에서 위르겐 몰트만, 아브라함 카이퍼, 조나단 에드워즈, 10장에서 다니엘 밀러, 미로슬라브 볼프 등이다.

저자는 조직신학, 성서학, 사회학, 철학을 오고 가며 리퀴드 처치론을 향한 자신의 주장을, 간략하지만 설득력 있게 이끌어 간다. 저자의 논지는 바울의 교회론에서 삼위일체론으로, 최근의 근대성에 대한 반성과 새로운 성찰들과도 연결된다.

그렇다고 교회를 향한 모든 변화가 필수적인 것은 아니다. 오히려 변하지 않아야 하는 부분들도 존재한다. 어쩌면 저자는 변하지 않아야 할 교회의 본질을 주장하고 싶었는지 모른다. 변하지 말아야 했던 교회의 본질이 왜곡되어 변형되어 버린 안타까움을 토로한 뒤, 다시 본질로 돌아가자고 호소한다. 부디 이 책이 독자들에게 교회의 본질을 향한 신학적 여정을 위한 좋은 안내서가 되기를 바란다.

김승환

# 서문

~~~~~

이 책은 우연한 관찰로부터 시작한다. 나는 조니 베이커 (Jonny Baker)와의 대화를 통해 오늘날 교회의 성공과 실패에 관해 깊이 성찰하기 시작했다. 나는 다양한 사람들과 다양한 장소에서 대화를 나누면서 새로운 교회에 관한 생각들을 발전시킬 수 있었다. 그린벨트 페스티벌(Greenbelt Festival), 영국 및 아일랜드의 선교학회, 컬처 시프트(Culture Shift) 그리고 케임브리지의 청소년 사역 센터에 특별히 감사를 전하고 싶다. 그들 모두는 흥미로운 형태의 리퀴드 처치를 잘 보여주었다. 또한 토론을 통해 내 생각을 선명하게 다듬을 수 있도록 기회를 준 모든 이들에게 감사한다. 나는 런던 킹스 칼리지에서 선교와 복음, 문화 이슈를 살피는 연구자 커뮤니티의 일원이 되는 행운을 누렸다. 앤드루 워커(Andrew Walker)와 스티브 홈스(Steve Holmes)의 주의 깊은 관찰 덕분에 내생각을 정리할 수 있었다. 내가 이 그룹에 속해 있다는 사실과 모임에서

회원들이 발표한 창작 그리고 글쓰기를 향한 자극과 열정으로 인해 더욱 흥분되었다.

그 과정에서 여러 친구와 동료들에게 책의 일부를 보냈고 그들의 의견과 비평을 받을 수 있었다. 특히 크리스 러셀(Chris Russell), 스티브 그리피스(Steve Griffiths) 그리고 사이먼 홀(Simon Hall)의 훌륭한 의견에 상당한 빚을 졌다. 끝으로 나의 동료이자 멘토인 앤드루 워커 교수에게 깊이 감사한다. 이 책의 출판사를 찾으려는 앤드루의 열정이 없었다면 이 책은 몇몇 콘퍼런스를 위한 흥미롭고 도발적인 글로만 남았을지 모른다. 런던 킹스 칼리지에서 함께 작업하는 동안 이 일뿐 아니라 다른 모든 일에 친절함을 보여준 앤드루에게 깊은 감사를 표한다.

피트 워드

# 서론

하나님의 교회는 가만히 있어서는 안 된다. 어느 시대나 성령의 인도를 받는 하나님의 백성들은 그들의 친교와 선교를 표현할 새로운 방법을 찾아냈다. 필립 헤프너(Philip Hefner)가 언급한 것처럼, "교회는 결코 머물러 있지 않으며 특정 시간과 장소에서 효과적인 형태를 영구적으로 만들 수 없다."[1] 문화의 발전과 역사 속 사건들이 주는, 교회를 향한 도전은 항상 교회의 혁신을 위한 토대가 되었다. 종교개혁자들은 "교회는 항상 개혁되어야 한다"(Ecclesia semper reformanda est)라

---

1    P. J. Hefner, "Ninth Locus: The Church," in *Christian Dogmatics*, ed. Carl E. Braaten and Robert W. Jenson (Philadelphia: Fotress, 1984), 2:191.

는 문구를 통해 교회는 끊임없이 갱신되어야 함을 주장했다.[2] 물론 변화는 교회의 기본적인 본성이지만 그렇다고 모든 변화가 선하거나 옳은 것은 아니다.

어떤 변화들은 교회가 사회로부터 분리되고 하나님의 부르심에서 멀어지게 한다. 리퀴드 처치(Liquid Church)는 이러한 문화 전반의 변화가 교회의 증언과 교회 공동체의 삶에 악영향을 미쳤으며, 이는 교회가 많은 문제를 안고 있음을 의미한다. 이런 문제들 중 가장 중요한 것은 바로 변화하는 문화 속에서 교회가 선교를 위한 영향력 있는 행위자(agent)가 될 수 있느냐는 것이다. 교회가 자신의 목적과 주님을 향한 신실함을 유지하기 위해 스스로 새롭게 할 수 있는 개혁이 필요하다.

### 건전한 충고

먼저 한가지 충고를 하자면, 리퀴드 처치는 아직 존재하지 않는다. 또한 내가 성공적으로 성장하는 리퀴드 처치를 설립하고 운영했다고 생각하지 마라. 내가 여기에서 말하고 싶은 것은 교회의 어떤 형식을 설명하기보다 그런 교회를 상상해보라는 것이다. 따라서 이 책은 현대 목회를 위한 미리 포장된

---

2    위의 책, 19.

매뉴얼을 제공하지 않는다. 물론 영국과 미국의 몇몇 사람들은 예배와 선교를 통해 하나님의 백성으로 사는 새로운 방법을 찾고 있다. 그에 대한 응답으로서, 나는 교회를 향한 새로운 비전을 개발하고자 했으며, 이 책의 핵심은 바로 신학적 상상력과 그 실천에 있다.

## 리퀴드 처치란 무엇인가?

유연하고 풍부한 상상력을 얻기 위해서는 교회를 '한 번에 한 장소에서 여러 사람이 모여 예배드리는 모임'이라는 고정된 관점으로 바라보는, 즉 집회 중심의 관점보다는 관계와 소통의 연속체로 보는 관점으로 전환할 필요가 있다. 이 이미지는 사람들의 모임(assembly)보다는 네트워크 또는 웹과 같은 것이다. 형식적인 모임이 아닌 비형식적인 관계들로 구성된 리퀴드 처치에 대해 생각했던 한 학생의 예를 들어보자. 그는 우리와 대학원 세미나에서 만나기 전에 커피숍에서 한 기독교인 친구와 앉아 있었다. 그는 그리스도인들이 대화를 나눌 때, 예수님께서 그들의 대화 사이에서 소통하고 계심을 느꼈다고 고백한다. 그에게는 그곳이 교회였다. 이것은 "교제"란 개념으로 우리에게 친숙하지만, 교제란 단어에 정관사 The를 추가하면 전혀 다른 성격을 띠게 된다. "교제"(the fellowship)는 보다 구조적이고, 정적인 그리고 공식적인 교회 개념을 의미할 수 있다. 나는 구조, 제도, 모임에 대한 이러한 개념의 교회를 나타내기 위해 '솔리드 처치'(Solid Church)라는 표현을 사용할 것이다.

리퀴드 처치에 대한 첫 번째 상상은, 우리가 다른 그리스도인들과의 나눔을 통해 그리스도를 경험하는 비형식적인 '교제'를 교회라고 부르는 것이다. 이런 생각이 혁명적이거나 위협적인 것은 전혀 아니다. 그러나 그 함의에는 심오한 부분이 있다. 첫째, 리퀴드 처치는 어떤 기관이 아닌 우리가 다른 이들과 그리스도를 이야기함으로써 세워진다. 둘째, 리퀴드 처치는 사람들이 다른 이들과 서로 함께 소통하고자 할 때 생겨난다. 즉, 그것의 기초(basis)는 조직적인 제도와 커다란 건물이 아닌 사람들의 영적인 활동에 놓여 있다. 셋째는 더욱 논쟁적인데, 나는 리퀴드 처치가 매주 회중 모임을 요청하거나 필요로 하는 것은 아니라고 생각한다. 그 핵심은 매주 예배당에 가는 것이라기보다 세상에서 그리스도의 몸으로서 살아가는 것에 있다. 다른 이들과 함께하는 예배와 모임은 여전히 장소가 필요하지만, 기존의 예배와 모임 형식은 점점 탈중심화될 것이다. 또한 (종교적인 동호회처럼) 소속감을 중요시하는 대신 사회가 필요로 하는 영적 욕망에 다가가도록 재조정될 것이다.

이러한 설명은 새로운 교회의 형태에 관한 질문으로 이어진다. 어떤 형식이 리퀴드 처치의 모습과 유사할까? 나의 대답은 오늘날의 미디어, 비즈니스, 그리고 금융산업이 각각 관계 맺는 네트워크의 방식에서 찾을 수 있다. 형식에 얽매이지 않은 교제에서 그리스도를 전하는 것이 새로운 연결망과 모임 그리고 관계들을 창조할 수 있다. 이것은 성령님이 교회를 창조하시는 일종의 네트워크 활동방식으로 여겨질 수도 있다. 스튜어트 머리(Stuart Murray)는 나에게 이것을 '명사형 교회'에서 '동사형 교회'로의 전환이라 설명했다. 그래서 "내가 교회이다, 당신이 교회이다, 우리가 교회이다"라고 말할 수 있는 것이다. 우리는 너무 오랫동안 교회를 우리가 참석하는 어떤 것으로 여겨왔다. 우리가 찬양을 부르거나 좀 더 적극적으로 교회 활동을 할 수도 있지만, 그 교회는 다소 표면적이고(externalized) 획일적(monolithic)인 조금 어색한 무언가가 남아 있다. 그러나 만약 우리가 교회를 만들어 갈 수 있다고 생각한다면 그 겉모습은 조금씩 무너질 것이다. 그리고 우리가 교회가 되고 교회로 행동하는 흥미로운 모험이 시작될 것이다.

이러한 상상력이 풍부한 실천의 다음 과제는 오늘날 기독교 문화를 형성하는 생산적이고 창조적인 장소가 어디인지를 묻는 것이다. 여기에서 말하는 것은 페스티벌, 예배 음악, 복음 전도 훈련들 및 기타의 과정들을 의미한다. 오늘날 국가 또는 지역의 교회 조직들은, 이러한 창조적이고 생산적인 활동들과는 전혀 무관해 보인다. 우리의 복음 전도와 예배를 효과적이고 즐겁게 만드는 기업가적 활동과 역동적인 네트워크는 일종의 교회라고 할 수 있다. 비록 실제의 교회는 아니지만. 리퀴드 처치는 이러한 창조적인 개인과 조직 그리고 단체들의 활동을 참고하면서 교회로 존재하거나 활동할 수 있다. 또한 우리는 이런 이벤트에 참여하고 상품들을 활용하면서 교회로 존재하고 세워진다. 물론 자본주의의 소비방식과 상품의 언어를 사용하는 것이 도발적일 수 있지만, 충분히 고려할 필요가 있다. 왜냐하면 그것은 교회 생활과 선교에 있어 새로운 형식이 필요하다는 나의 아이디어를 잘 드러내 주기 때문이다.

리퀴드 처치가 필요한 이유는 기존의 교회 형식은 현대 사회에서 제기된 영적인 욕망과 필요를 채워주는데 부족하기 때문이다. 물론 일부 성도들에게는 기존의 교회가 어느 정도의 보람을 제공해준다. 주일 예배는 의미 있는 활동이고, 성도들의 교제를 통해 다른 그리스도인들과 함께 주님을 섬기고, 우리의 정체성을 확립할 수 있는 좋은 장소이다. 이런 교회에 출석하는 교인들과 목회자들에게는 리퀴드 처치가 시급한 문제가 아니다. 나는 이 부분을 이해할 뿐 아니라 교회의 성공적인 운영을 위해 어느 정도 공감한다. 지금의 대형 교회들이 문화의 변화에 직면하면서 쇠퇴하거나 사라질 것이라는 주장들은 신뢰를 주지 못한다. (그 용어가 우리가 사용하는 포스트 모던, 포스트 크리스텐덤, 포스트 기독교라 하더라도) 문제는 교회가 좋은 곳이라 생각하고 오는 그들에게 있지 않다. 진짜 문제는 더는 교회에 참석하지 않거나 결코 교회 안으로 한 발짝도 들여놓지 않는 사람들일 것이다.

우리는 어떻게 이들과 연결될 수 있을까? 교회가 젊은이들의 문화 감수성과 소통하기 위해서 다른 존재가 되어야 한다는 생각이, 청년들과 젊은 사람들 사이에서 점점 커지고 있다. 이들 중 많은 사람이 교회 생활의 새로운 형태들을 실험하기 시작했다. 나의 주장은 역동적이고 형식에 구애받지 않는, 관계에 기초한 교회를 설명하기 위해 새로운 신학적 상상력이 필요하다는 것이다. 또한 새로운 문화를 소비하고 생산하는 방식들이 새로운 교회를 세우는 데 도움을 줄 것이라고 확신한다. 동시에 이러한 형식들은 젊은 층의 선교와 복음 전도에 있어서, 그들의 문화 안에서 신앙을 공유하고 경험하는데 상당한 도움이 될 것이다. 왜냐하면 모두에게 새로운 형식의 교회가 필요하기 때문이다.

마지막으로 건강한 충고를 위해, 나는 의도를 가지고 종교개혁의 언어를 신중하게 사용했음을 말하고 싶다. 16세기의 교회 생활은 급격한 형식의 변화를 맞이했지만, 가톨릭교회가 이 땅에서 녹아서 사라진 것은 아니다. 오히려 스스로 개혁했다. 리퀴드 처치를 향한 나의 전망은 우리도 비슷한 변화를 맞이할 것이라는 사실이다. 어떤 사람들은 새롭고 급진적인 변화의 길을 걷기 시작할 것이다. 어떤 이들은 상대방이 하는 일을 비판할 것이다. 새로운 교회를 향한 양쪽의 응답은 모두 선한 것이다. 우리에게는 다양한 교회의 모습이 필요하다. 하나의 단색으로 된 문화가 다른 모든 것을 대체하는 일은 거의 불가능하기 때문이다.

## 교회의 사회학적이고 신학적인 서술

교회에 관한 설명들에는 여전히 문제가 많다. 폴 틸리히(Paul Tillich)는 교회에 관한 "사회학적" 논의와 "신학적" 논의를 구분하면서 교회는 일종의 역설이라고 지적한다. 한편으로 교회는 "일반적인 삶의 모호성" 속에 존재하지만, 다른 한편으로는 "영적 공동체의 모호하지 않은 삶"이라고 부르는 것과 연결되어 있다.[3] 이 두 가지 측면, 즉 신학적이고 사회학적인 특징을 사용하여, 교회에 대한 새롭고 유연한 접근 방식을 주장할 것이다. 리퀴드 처치의 사회학적 논의는 근대성의 경제적, 사회적 경험의 변화와 관련된다. 1장에서는 교회

---

3    Paul Tillich, 다음에서 인용 Hefner, "Ninth Locus," 2:199.

에 영향을 미쳐왔던 근대성을 고체 근대성(Solid Mordernity)과 액체 근대성(Liquid Mordernity)으로 구분하여 설명할 것이다. 교회 생활의 패턴은 발전하면서 현대 문화의 경직된 특징들을 모방해왔다. 나는 이런 특징의 교회를 '솔리드 처치'라고 명명한다. 근대성이 액체 시기에 접어들면서, 솔리드 처치는 세 가지 형식으로 변형되는데 즉, 유적지, 피난처, 향수(nostalgia)를 불러 일으키는 공동체로 나타났다. 이런 변형들은 2장에서 새롭고 유동적인 현대 문화 안에서 개인의 정체성과 공동체의 관점으로 설명된다. 솔리드 처치의 단점은 다양한 변형으로 인해, 유동적인 현대 문화에서 다양한 사람들에게 다가갈 수 있는 능력이 제한된다는 점이다.

3장에서는 바울의 '참여' 신학인 "그리스도 안에"(in Christ) 개념을 다루면서 리퀴드 처치의 신학적 탐구를 시도할 것이다. 여기에서 사도들의 '공동체적 기독론'(corporate Christology)이 새로운 교회론의 출발점이 된다. 이 논의의 핵심은 그리스도의 몸 안에서의 일치성과 다양성에 대한 유연한 이해이다. 4장은 리퀴드 처치의 사회적 형태로서 네트워크에 관한 개념을 소개한다. 오늘날 경제 체제가 보여주는 복잡한 네트워크의 의사소통 흐름을 사회학적으로 설명하면서 교회가 나아가야 할 길을 제시할 것이다. 5장은 최근에 논의되는 삼위일체 교리의 관계적 특성을 소개하면서 리퀴드 처치의 신학적인 토대를 제시할 것이다. 성부, 성자, 성령의 친밀한 소통과 '상호 침투'(perichoresis) 즉 상호 내주는 흐르는 듯한 움직임 또는 춤으로 표현되기도 한다. 이 춤은 셋이면서 하나이신 하나님을 향한 예배와 선교에 우리가 참여할 수 있는 개방성을 보여 준다.

삼위일체 교리와 기독론 안에는 다양한 유동적 특징이 있음을 알 수 있다. 그 근거는 친교(communion)와 관계를 좀 더 유동적인 개념으로 이해하는 것이다. 리퀴드 처치는 이런 신앙의 측면에서 공명(resonance)을 발견하고, 네트워크 형태의 사회 조직을 통해 공명을 표현한다. 네트워크로서의 교회 개념은 교회의 조직에 의해서 강요되거나 선교 기관들에 의해 만들어질 수 없다. 또한 교회 자체의 모임과 활동을 통해 발생하지도 않는다. 오히려 네트워크에 기반한 리퀴드 처치는 교회 밖에 있는 사람들의 영적인 욕망과 필요에 연결되면서 형성된다. 이런 점에서 새로운 교회는 소비에 대한 사회학적 이론과 관련되어 있다. 이 연결이 어떻게 이루어지는지는 6장과 8장에서 설명할 것이다.

다른 문화처럼 소비문화에도 좋은 점과 나쁜 점이 뒤섞여 있다. 즉 어떤 측면에서는 복음과 연결되지만 다른 측면에서는 그렇지 않을 수 있다. 리퀴드 처치는 사람들을, 자칫 잘못된 길로 인도할 수 있고 폭주하는 교회가 될 수도 있다. 따라

서 리퀴드 처치가 신학적인 틀 안에서 자유롭게 흐를 수 있
도록 신학적인 틀을 발전시켜야 한다. 이러한 흐름의 규정은
7장과 9장에서 언급될 것이다. 7장에서는 하나님 말씀에 관한
교리들을 다룰 것이고, 9장에서는 성령론으로 이어진다. 마지
막으로 신학적, 사회학적 논의를 상호 연결한 후, 10장에서는
실제로 리퀴드 처치가 어떤 모습일지 설명할 것이다.

**교회란 무엇인가?**

교회가 신학적이면서도 사회학적인 용어로 설명되어야 한
다면, 그 논의를 어디에서부터 시작해야 하는지 아는 일은 결
코 쉽지 않다. 실제로 두 종류의 모자를 동시에 쓰는 것은 어
려운 일이다. 왜냐하면 실제로 두 가지가 창조적인 혼합체로
함께 존재하기 때문이다. 일반적으로 한쪽에서 다른 쪽으로
전환해야 한다. 즉 어디에서 출발해야 하는지 알기가 까다롭
다는 뜻이다. 1장은 사회학적인 접근을 시도한다. 이것은 새
로운 교회 형태의 질문에 대한 내 생각의 흐름을 나름 공정하
게 하고자 한 것이다. 이런 사실을 고려하면서, 나는 신학적인
용어로 교회의 본질을 서술하면서 서론을 마무리하고자 한
다.

나는 바울 서신에서 사용된 교회라는 용어와 복음서에 나
타난 예수님의 하나님 나라 설교, 그리고 역사적 교회 사이의

관계를 검토할 것이다. 내가 바울 서신을 다루는 이유는 바울의 글은 신약 성경에서 가장 초기에 쓰였고, 선교를 통해 생겨난 최초의 기독교 공동체라는 공식적인 상황들이 확고하게 자리 잡고 있기 때문이다. 그 교회론은 바울의 시대 이후부터 계속 발전해 왔으며 리퀴드 처치를 주장하기 위해서는 다른 신학적, 문화적 사항들을 고려할 필요가 있다. 하나님의 나라와 교회에 관한 질문은 교회 제도에 대한 수정주의적 논의의 출발점이기에 중요하며, 리퀴드 처치는 이러한 수정주의의 입장이라 할 수 있다.

신약 성경에서 헬라어 에클레시아(ekklesia)는 일반적으로 두 가지 의미로 번역되어왔다. 첫째는 집회(assembly)라는 단어이고 두 번째는 교회라는 단어이다. 키텔(Kittel)의 『신약 성경 신학 사전』(Theological Dictionary of the New Testament)에 따르면, 후자의 '교회' 용어는 "교파에 따라", 전체 교회로서, 지역 교회로서, 가정 교회로서 다양하게 번역되었다.[4] 제임스 던(James Dunn)은 그 단어를 바울 신학에 관한 논의에서 비슷하게 다뤄왔다. 바울에게 교회는 "야훼의 집회"(assembly of Yahweh)를 가리킨다. 던은 유대인인 바울이 주로 비유대

---

4    G. W. Bromiley, *Theological Dictionary of the New Tesstament*, ed. Gerhard Kittel and Gerhard Friedrich (Exter: Patermonster, 1985), 397.

인 신자들로 구성된 다양한 기독교 교회를 하나님의 백성이
자 이스라엘 개념으로 연결시킨 것은 놀라운 시도라고 언급
한다.[5] 또한 바울은 이 집회를 한 마을이나 도시의 지역 공동
체로 특정하여 넓은 집회로 확장한다. "즉, 바울이 기독교 신
자들의 작은 모임을 '이스라엘의 회중', '야훼의 집회'와 직접
적인 연속성이 있는 것으로 동등하게 표현했음은 의심의 여
지가 없다."[6]

보편적(Universal) 교회 개념은 오직 후기 바울 서신에만 등
장한다. 골로새서 1장 18절에서 그리스도는 확장된 몸인 교
회의 머리이시다. 그렇다고 바울의 사상에서 지역 교회와 보
편적 교회가 반드시 반대되는 개념은 아니다. 오히려 이 둘
은 하나님의 교회로서 지역 공동체를 분명하게 강조하면서
함께 존재한다.[7] 동시에 지역 공동체의 "교회다움"(church-
ness)은 보편적 교회에 의존하지 않으며, 하나님의 백성이라
는 더 넓은 공동체적 실재는, 그리스도와 사도들의 연결에 의
존한다.[8] 이러한 그림은 지역 공동체와 작은 가정 모임 또는
가정 교회도 하나님의 교회로 간주하려는 바울의 분명한 의

---

5    J. D. G. Dunn, *The Theology of Paul the Apostle* (Edinburgh: T&T Clark; Grand
      Rapids, Mich.: Eerdmans, 1998), 539. 『바울신학』(파주: 크리스천다이제스트, 2019).
6    위의 책, 538.
7    위의 책, 541
8    위의 책

지를 보여준다. 고린도전서 16장 19절에서 바울이, "아굴라와 브리스가 그리고 그의 집에 있는 교회"에게 인사를 보내는 것을 알 수 있다. 고린도전서 14장 23절에서 "온 교회"(the whole church)가 함께 모였다고 할 때, 이것은 정기적으로 모임(gathering)을 갖는 수많은 소그룹과 가끔 모이는 큰 회중 모임이 있음을 가리킨다. 그는 이러한 요소들이 함께 모이는 집회를 우선적으로 중요하게 여겼지만, 동시에 그러한 집회는 상당히 소규모였음을 알 수 있다.

역사적으로는 지중해 북동부 지역의 기독교가 얼마나 작은 소규모 집단에 의존하여 성장했는지를 잘 보여준다. 신학적으로 중요한 점은 "하나님의 교회"가 되기 위한 역동성은 한 장소에서 대규모로 모이는 그룹을 필요로 하지 않는다는 사실이다.[9]

바울의 사상에 나타난 작은 모임과 큰 그룹으로 구현된 교회의 모습이, 오늘날 교회가 어떤 모습이어야 하는지 정하는 기준이 되는 것을 경계해야 한다. 바울 서신에서 교회라는 용어는 어떤 하나의 고정된 공동체 생활 양식을 가리키지 않기

---

9    위의 책, 542.

에 우리의 상황에 따라 교회를 다시 상상할 수 있어야 한다. 반면에 에클레시아라는 용어는 새로운 이방인 교회의 정체성과 상호연결된 아이디어를 준다. 이 정체성은 보편적, 지역적 그리고 소규모 모임의 모습에서 동시에 표현된다. 만약 우리가 리퀴드 처치를 발전시킬 안내자로서 초대 교회를 생각한다면, 초대 교회는 한 가지 중요한 방향으로 우리를 인도한다. 우리는 바울 서신에서 교회가 된다는 것이 하나의 분명한 사회 조직 또는 제도로 함축될 수 없다는 것을 깨닫게 된다. 바울을 따를 때, 소규모 모임도 마을 전체의 모임과 같은 교회로 볼 수 있다. 이와 관련하여 고린도와 같은 도시 교회는 서로 연결된 소규모 모임들의 네트워크로 구성되어 있음을 알 수 있다. 최소한 이러한 통찰을 통해 교회에 대한 우리의 접근 방식을 비판할 수 있을 것이다.

### 교회와 하나님 나라

오늘날 우리가 교회를 조직하고 생각하는 방식은 오랜 세월에 걸친 사회 발전과 역사를 통해 얻게 된 것이다. 신약 성경의 서술은 새로운 교회를 향한 신학적인 출발점이었지만 여러 차례에 걸쳐 교회 생활의 사회적 패턴이 만들어지고 재창조되어야 했다. 따라서 하나님의 집회라는 의미의 역사적 표현은 일련의 변화와 발전을 거쳐왔다. 이것이 의미하는 바는 우리가 교회를 조직하는 방식이 계승된 것일 수는 있지만 미리 예정된 것은 아니라는 사실이다.

우리에게 리퀴드 처치가 필요하다는 제안은 말처럼 그렇게 급진적인 것은 아니다. 그것은 단지 변화와 개혁을 향한 또 다른 요청이다. 이런 긴장을 논의하는 고전적인 방법 중 하나는 예수의 복음과 교회의 제도를 비교 대조해 보는 것이다. 알프레드 루아지(Alfred Loisy)는 "예수는 하나님의 나라를 선포했고 그 결과 교회가 생겨났다"고 주장한다.[10] 이 문구는 너무 많이 인용되어 그 영향력이 점점 사라지고 있는지 모른다. 그러나 이 구절에는 여전히 진리가 담겨있다. 우리가 경험하듯이, 개인으로서 우리는 하나님 나라에 대한 예수님의 가르침에 미치지 못한다. 이것은 교회도 마찬가지다. 루아지의 문구는, 하나님의 나라가 세상에 하나님의 이상적인 통치를 보여주었고 우리는 세상에 제도로서 교회를 세웠음을 보여준다. 이런 기본적인 통찰은 우리가 하나님의 백성으로서 무엇을 하고 있는지 돌아보게 한다. 그것은 개혁과 갱신을 위한 원동력이다. 동시에 하나님 나라에 대한 비전은 세상을 위한 하나님의 궁극적인 계획의 일부로서 교회를 이해하게 한다. 하나

---

10  Alfred Loisy, 다음에서 인용 Hans Küng, *The Church* (London: Search Press, 1968), 43

님 나라에서 교회의 위치는, 신약학자들이 종말론이라고 부르는 것 즉 마지막 일들에 대한 연구의 한 부분이다.

신약 학자들 사이에서 예수님의 가르침에 나타나는 하나님 나라의 의미를 두고 상당한 논쟁들이 있어 왔다.[11] 이 논쟁의 핵심은 하나님의 나라가 미래에 일어날 세상의 종말(the eschaton)과 얼마만큼 관련되어 있는가, 또 그리스도의 오심으로 얼마만큼 시작되었는가 하는 것이다. 마가복음은 "때가 찼고 하나님의 나라가 가까이 왔으니 회개하고 복음을 믿으라"(막1:15)는 예수의 선포로 시작한다. 동시에 신자들은 미래에 도래할 하나님 나라를 기대하고 준비하도록 격려를 받는다.(마 8:11; 25:31-34) 이것은 하나님의 통치가 그리스도 안에서 시작되었지만 그 완성은 종말에 성취될 것을 의미한다. 예수님은 우리를 궁극적인 마지막으로 인도하기에, 이제 종말론은 그리스도 안에서 시작되어 그리스도 안에서 끝나는 관점으로 확장되어야 한다.

하나님 나라는 하나님의 역동적이고 왕적인 통치이다. 또한 이 통치를 경험하는 경기장이다.[12] 하나님 나라는 교회와 동일하지 않으며 오히려 그 나라가 교회를 창조한다. 래드(G.

---

11  다음을 보라. G. E. Ladd, A *Theology of the New Testament* (London: Lutterworth, 1974).
12  위의 책, 111.

E. Ladd)는 그 나라를 마치 바다에 펼쳐져 좋은 물고기와 나쁜 물고기 모두를 잡는 그물과 같다고 비유했다. 하나님 나라는 먼저 예수 제자들의 교제를 만들고 그다음 교회를 형성했지만, 어느 쪽도 순수하거나 완전한 공동체는 아니다.[13]

그리스도인 개인과 교회는 하나님의 통치 아래 "지금 여기에 이미 존재하는 하나님 나라"와 "곧 여기에 임할 하나님 나라"라는 삶의 현실 사이의 긴장 속에 존재한다. 교회는 하나님이 자신을 계시하는 종말론적 방식에 영향을 받는다. 한스 퀑(Hans Küng)은 "그리스도인이라는 존재는 직설법과 명령법 사이에서, 현재와 미래 사이에서 살아간다. 그리스도인 공동체 또한 하나님의 백성이자 그리스도의 몸으로서, 거룩하게 구별되지만 여전히 죄인인 그런 긴장 속에서 살아간다"고 말한다.[14] 퀑은 세례와 성만찬의 성례가 어떻게 교회의 둘 가운데 끼인 "사이됨"(inbetween-ness)을 나타내는지 설명한다. 그것들은 지나간 일들에 대한 기억인 동시에 미래에 일어날 일에 대한 기대이다. 현재의 교회는 현재의 하나님의 생명을 표현하지만, 이 생명은 그리스도 안에 초점을 맞추고 있고 그리스도는 과거에도 계셨고 지금도 계시고 장차 오실 분이다.

---

13  위의 책, 113.
14  Küng, *The Church*, 65.

이런 종말론적 하나님 나라의 관점은 현대 교회에 관한 우리의 표현을 상대화시키는 역할을 한다. 큉은 하나님의 통치는 생명을 주시고, 치유하시며, 기쁨을 주시는 하나님의 영광을 표현한다고 말한다. 문제는 교회가 "사이"에 있기 때문에 교회는 여전히 죄로 가득하고 실수와 실패를 한다. 그 결과 대부분의 교회는 하나님 나라의 이상에 미치지 못한다.[15]

## 액체 개혁

교회는 모든 시대에 하나님 나라의 참된 모습을 드러내기 위해 노력해야 하며 절대 가만히 정체되어서는 안 된다. 때로는 과거의 패턴을 점검하고 새롭게 변화되어야 한다. 나는 지금이 바로 그때라고 믿는다.

오늘날 현대 사회의 많은 문화적 변화로 인해 사람들은 교회가 다시 혁신과 변화의 시기를 맞이해야 한다고 생각한다. 내게 이것은 또 다른 종류의 종교개혁으로 여겨진다. 교회의 신학에 대한 이러한 탐구는 기독교 공동체의 발전에 방해가 되기보다 도움이 될 것이다. 바울이 사용한 에클레시아라는 단어는 교회를 경직된(solid) 집회 형식의 모습으로 나타내기보다, 오히려 작은 소그룹들을 기초로한 보다 유연하고 네트

---

15  위의 책, 64.

워크로 연결된 공동체의 모습으로 보여준다. 이와 더불어 하나님 나라의 신학은 교회의 조직 구조가 최종적 혹은 완벽한 것이 아님을 보여준다. 이러한 통찰은 우리가 교회의 사회적 구조에 대해 근본적인 비판을 할 수 있도록 도와준다. 이것이 바로 우리가 다음 두 장에서 살펴볼 내용이다.

1부 〜〜〜〜〜〜〜〜〜〜 솔리드 처치

*Liquid Church*

1장

# 고체 근대성, 액체 근대성
# 그리고 교회

~~~~~

　오늘날의 교회는 세상이 보기에 문제인가 아니면 해답인가? 전도와 관련된 세미나와 서적들에서 현대 문화에 적합한 전도와 교회의 유형에 대한 관심이 증가하고 있다. 청년 교회, 구도자 중심 교회, 교회 개척, 목적이 이끄는 교회, 이머징 처치 등 다양한 형식의 교회 상품들이 있지만 한 가지 공통점은 교회가 진정한 해답이라는 믿음을 가지고 있다는 것이다. 그러나 역설적으로 적절한 교회를 추구한다는 것은 어떤 교회는 문제라는 사실을 드러내는 셈이다. 만약 우리가 오늘날의 교회에 만족한다면, 왜 새로운 형식의 교회를 추구하는데 많은 시간과 에너지를 쏟겠는가? 즉, 교회가 해답이라고 인정한다면 이것은 동시에 교회가 문제라는 점을 보여준다.

나는 여러 가지 면에서 전도는 교회의 본질 자체에 더 집중해야 한다고 생각한다. 물론 항상 그랬던 것은 아니다. 40~50여 년 전, 전도와 청년 사역을 담당하던 이들에게 교회 본질에 관한 질문은 관심 없는 영역이었다. 선교 단체들은 특히 교회에 관한 질문에 거리를 두고 있었다. Young Life, Youth for Christ, IVF(영국의 UCCF)는 교회의 본질에 관한 질문이 오히려 전도의 주요한 사명을 방해한다고 보는 경향이 있었다. 역사적으로 그들의 목표는 '적절한(relevant) 교회'가 아닌 '적절한 복음'을 제시하는 것이었다.[1] 그들에게는 무엇보다 진리의 전파가 우선이었다. 오늘날의 전도자와 청년 사역자들도 이러한 관점을 가지고 있지만 '적절한 복음'을 전파하기 위해 '적절한 교회'가 필요하다는 사실도 깨닫기 시작했다.

이러한 우선순위의 변화에는 한 가지 이유가 있다. 우리는 과거 세대들이 경험하지 못한 상황을 맞이하고 있는데 이것은 또한 놀라운 기회라고 볼 수도 있다. 오늘날 많은 사람

---

1   Jon Pahl, *Youth Ministry in Modern America 1930-Present* (Peabody, Mass.: Hendrickson, 2000), 56-72; J. Raybury III, *Dance, Children, Dance* (Wheaton, Ill.: Tyndale House Publish ers, 1984); Joel A. Carpenter, *Revive Us Again: The Reawakening of American Fundamentalism* (Oxford: Oxford University Press, 1997), 161-76; and Douglas L. Johnson, *Contending for the Faith: A History of the Evangelical Movement in the Universities and Colleges* (Leicester: Inter-Varsity, 1979).

이 영성을 추구하고 있으며, 영국에서는 젊은이들이 그 어느 때보다 기독교인이 되고 싶어 한다. 그러나 동시에 그들은 우리의 제도권(institutions) 교회 안으로 들어오기를 주저한다.[2] 개인적으로 예수님을 만났을지는 모르지만, 교회 회중(congregations)들을 만나고 싶어 하지는 않는다. 미국의 일부 지역에서는 또 다른 현상이 일고 있다. 청소년들이 주일에 교회의 신앙 활동에 성실히 참여하지만, 월요일이 되면 그들의 신념과 행동은 비기독교인 친구들과 거의 구별되지 않는다. 청소년 사역이 효과적으로 이루어지는 곳에서도 그 이면을 파고들면 비슷한 문제가 자리한다. 이러한 두 가지 경우 모두 젊은 세대와 연결되고 그들을 흡수하면서 세상과 구별되도록 하는 교회가 필요하다. 우리가 어떤 경우에 놓여 있던지 교회의 올바른 모습(pattern)을 갖추기 위해서는, 오늘날 교회가 왜 제대로 작동하지 않는지를 찬찬히 이해할 필요가 있다. 우리가 문제의 핵심을 오해한다면 제대로 된 해답을 찾기 어려울 것이다. 이를 위해 우리는 먼저 현대 문화의 변화와 발전의 양상을 살펴볼 필요가 있다. 바로 이 지점에서 리퀴드(liquid)

---

2  다음을 보라. Grace Davie, *Religion in Britain Since 1945: Believing Without Belonging*, Making Contemporary Britain (Oxford: Blackwell, 1994); and William K. Kay and Leslie J. Francis, *Drift from the Churches: Attitude Toward Christianity During Child hood and Adolescence* (Cardiff: University of Wales Press, 1996).

개념이 도움이 될 것이다.

## 리퀴드 컬처

많은 사상가들이 오늘날 현대 문화를 융통성있는 액체 근
대성(Liquid Modernity)의 모습으로 설명했다. 데이비드 라이
언(David Lyon)은 통신 기술의 발전과 소비문화의 성장이 근
대성에 상당한 변화를 가져왔다고 주장한다. 그는 이 새로
운 상황을 "움직이며, 변화무쌍하고, 유동적이고, 유연하다"
고 했다.[3] 울리히 벡(Ulrich Beck)은 "성찰적 근대성"(reflexive
modernity)[4]이라 부르면서 근대성은 자신의 비판적 기술을 자
기 자신에게로 돌려 덜 안정적이고 위기 부담은 더 높은 환경
을 만들었다고 본다. 마누엘 카스텔(Manuel Castells)은 정보
화 사회로의 변화를 논의하면서, 근대성을 유연하고 끊임없
이 변화하는 환경으로 이해했다. 이 유연함은 기술 발달, 조직
의 변화, 경제, 사회 구조를 포함한 다양한 영역에서 나타난
다.[5]

---

3  David Lyon, *Jesus in Disneyland: Religion in Postmodern Times* (Cambridge, UK; Malden, Mass.: Polity Press, 2000), 76.
4  Ulrich Beck, *Risk Society: Toward a New Modernity* (trans. Mark Ritter; London: Sage, 1992), 12.
5  Manuel Castells, *The Rise of the Network Society* (2d ed.; Oxford: Blackwell, 2000), 1-4.

끊임없는 기술의 변화는 우리가 정보를 수용하고 처리하는 방법도 끊임없이 변화한다는 사실을 보여준다. 스마트폰을 통해 통화 이상의 다양한 업무를 수행하는 것이 좋은 예가 될 것이다. 기술의 변화는 계속해서 통신 장비를 업데이트하거나 교체해야 하는 환경을 만들어낸다. 우리는 기술의 변화에 따라 우리와 기술과의 관계를 계속해서 발전시켜야 한다. 그렇다고 해서 새로운 기술이 등장할 때마다 설명서를 읽고 작동법을 익혀야 할 필요는 없다. 대신 우리는 직접 뛰어들어 사용하면서 배울 수 있다. 오늘날 컴퓨터 프로그램은 우리가 필요로 하는 것 이상을 할 수 있는데 구지 우리가 모든 작동법을 배울 필요가 있겠는가? 기술 환경은 항상 변화하고 있기에 모든 것을 배우기 위해 우리의 시간을 투자할 필요는 없다. 이러한 특징은 우리가 일하는 곳에서도 비슷하게 나타난다. 새로운 경제산업의 부상으로 대부분의 현대인은 직업이 정기적으로 바뀔 것이다. 우리는 직장생활을 하면서 적어도 두 번 이상의 재교육을 받아야 할 수도 있다. 이러한 유동적인 고용 환경은 사람들로 하여금 자신을 특정 회사의 직원으로서 또는 어떤 기술의 숙련공으로서의 정체성을 갖는데 무관심하게 만들었다.

레너드 스윗(Leonard Sweet) 역시 이러한 문화적 변화를 설명하면서 리퀴드(liquid)라는 은유를 사용했다.

근대(modern) 시대가 질서, 규칙, 안정성, 단일성, 고정성을
열망했다면, 탈근대(postmodern) 시대는 혼돈, 불확정성, 타
자성, 개방성, 다원성 그리고 변화를 열망한다. 탈근대의 겉모
습(surfaces)은 잔잔한 풍경이 아니라 결코 동일하지 않고 계
속 변화하는 거대한 바다의 파도치는 풍경이다. 그 바다는 그
경계를 알 수 없다.[6]

스윗은 탈근대성의 '아쿠아컬처'(aquaculture)를 담을 수 있
는 교회가 필요하다고 생각했다.[7] 스윗의 글에 전반적으로 나
타나는 교회 이미지는 안전한 배(boat)이다. 성경은 일종의 항
해도이며, 목회자는 배의 선장 또는 항해사이다. 스윗이 오늘
날의 문화를 묘사할 때 리퀴드 이미지를 사용한 점은 나와 비
슷하다. 그가 현대 문화를 유동적 또는 액체로 보는 사회학적
아이디어는 옳지만, 교회를 배로 비유하는 부분에서는 나와
의견이 다르다. 스윗이 교회를 배로 비유한 것은 파도 위에 안
전하게 떠서 승객들을 바다로부터 젖지 않게 지켜주는 그런
교회를 우리가 만들어야 함을 보여준다. 그러나 우리가 새로
운 미지의 바다에 있다고 말하는 것은 교회가 현대 문화를 극

---

6    Leonard I. Sweet, *Aquachurch: Essential Leadership Arts for Piloting Your
     Church in Today's Fluid Culture* (Loveland, Colo.: Group, 1999), 24.
7    위의 책.

복해야 할 장애물로 여기거나 해결해야 할 문제로 여긴다고
보일 수 있다.

하지만 리퀴드 처치는 이 새롭고 유연한 환경을 긍정적으
로 받아들이고 이러한 환경과 함께 일하고 교회의 전진을 가
져오는 요소로 삼는다. 우리는 물과 분리되어 물 위에 뜨는 그
런 교회를 만들자는 것이 아니다. 리퀴드 처치가 된다는 것은
우리가 물과 결합하여 유동적이고, 변화 가능하며, 액체가 되
는 것을 의미한다. 우리는 안전하게 떠 있는 배로서 바다를 항
해하는 방법을 배우기보다, 문화의 변화하는 특성을 수용하
고 내면화해야 한다. 교회를 변화하는 문화의 한복판에 위치
시킬 때에야 비로소 우리는 그 문화 안에서 구별된 기독교를
발전시킬 길을 찾을 수 있다.

## 고체 그리고 액체

지그문트 바우만(Zynmunt Bauman)은 『액체 현대』(*Liquid
Modernity*)[8]에서 현대 문화의 변화를 탐구한다. 그는 근대를
고체 근대와 액체 근대로 구분한다. 근대 세계(modern world)
는 중세 봉건 사회를 향해 이전의 확실했던 것들에 대한 질문

---

8    Zygmunt Bauman, *Liquid Modernity* (Cambridge, UK; Malden, Mass.: Polity
     Press, 2000). 『액체 현대』(서울: 필로소픽, 2022).

을 던지고 대체하는 과정을 통해 시작되었다. 이 변화의 과정
은 단단한 고체가 녹아내리는 모습과 유사하다. 근대는 전통
적으로 종교적으로 묶여있던 중세 경제 체제의 매듭을 풀고
나타났다. 생산 방식은 가족과 중세교회 조직에 대한 의무감
으로부터 해방되었다. 그리고 가족과 종교에 묶여 있던 헌신
은 합리적인 조직과 질서에 의해 대체되었다.[9] 공장, 사무실,
근현대 정부 그리고 관료 제도는 전통적인 것에서 현대적이
고 보다 합리적인 질서로 변화 되었음을 보여준다. 그러나 시
간이 지나면서 근대적 시스템도 그 자체의 한계를 드러냈다.
근대는 하나의 경직성을 수많은 개인들의 선택의 총합으로
만들어진 또 다른 경직성으로 대체한다. 고체 근대는 불안정
함(the nomad)에 대한 안정됨(the settled)의 승리를 바탕으로
한다. 근대는 소비보다는 생산 중심의 문화이며 무엇보다 자
동차 회사인 헨리 포드에 의해 최초로 개발되고 조직화된 생
산 방식과 연결된다. 근대는 확장, 크기, 설비, 경계, 규범, 규
칙, 계급 지향적 친밀성과 정체성이란 포드주의(Fordist) 원칙
에 의해 형성되었다.[10]

하지만 바우만은 오늘날의 근대성은 조금씩 유연화 과정을

---

9   위의 책., 3-4.
10  위의 책., 25, 35, 57, 63.

거치고 있다고 말한다. 이 변화의 핵심은 자본이 고정된 위치에서 벗어난다는 것이다. "고정된 형태의 자본은 노동자들이 노동에 참여하는 것처럼 땅에 단단히 박혀 있었다. 하지만 오늘날의 자본은 서류 가방, 스마트폰, 노트북이 담긴 가벼운 기내 수화물처럼 이동한다."[11] 생산 과정의 변화는 개인이 한 회사에서 평생 안정적으로 직업을 유지할 수 없다는 것을 의미한다. 기술과 작업 방식의 변화는 한 회사의 직원 또는 특별한 기술과 무역에 종사하는 노동자로 자신만의 정체성을 실현하기 어려움을 의미한다. 동시에 단단한 계층 질서와 정체성에 근거한 거대한 사회 집단들은 점점 소멸되고 있다. 유연한 노동력은 고정된 사회적 계층이 아니라 자신들의 삶 속에서 정체성을 찾는 개별적인 소비자들로 이루어진다. 우리는 내가 누구인지를 배워서 알기보다 어떤 것을 성취하면서 깨닫게 된다. 근대의 개인들은 공동체와 관계없이 자신의 정체성을 찾아야 한다. 이 모든 과정에서, 소비는 생산을 넘어서는 특권을 갖는다. "내가 무엇을 하는가보다 내가 무엇을 사는가(buy)로 나의 존재를 드러낸다. 나는 행동함으로 존재하기보다 소비함으로 존재한다."[12] 고체 근대성은 개인과 확장된 생

---

11  위의 책., 57.
12  위의 책., 5, 7, 13, 29, 31.

산 과정에서 새로운 영역으로 바뀌었고 이 영역은 지속적인 변화와 증가한 유연성을 특징으로 한다. 이것이 바로 액체 근대성(Liquid Modernity)이다.

## 솔리드 처치

고체 근대성은 초기에 근대성의 핵심 가치를 내면화한 경직된 형태의 교회를 낳았다. 우리가 고체 근대성에 대해 말하는 것처럼 솔리드 처치에 대해 논의할 수 있다. 솔리드 처치는 또 하나의 기독교 공동체의 형태가 아니다. 솔리드 처치는 하나의 교파(denomination)나 신학으로 분류되거나, 교회가 본래부터 솔리드 처치였다고 말할 수도 없다. 오히려 교파와 초교파 그룹들을 가로지르는 하나의 경향성이며 이 경향성은 솔리드 처치가 무엇인가를 잘 그려낸다.

### 예배 참석이 곧 신실함이다?

영국 BBC의 퀴즈쇼 "가장 약한 고리"(The Weakest Link)의 참가자들은 차례대로 질문을 받는다. 정답을 맞히면 개인이 일정한 상금을 받지만, 그것이 최종 우승 상금에 포함되려면 은행에 예치되어야 한다. 솔리드 처치는 은행과 같은 원리이다. 지역 교회가 선교여행, 노방 전도, 청소년 사역, 사회 참여 등의 선하고 중요한 활동들을 시행하지만, 그 효과는 정기적인 주일 예배 출석 숫자로 평가된다. 사람들이 청소년 선교나 알파 코스를 통해 그리스도께 돌아올 수 있지만, 이들이 주일 예배에 참석하기 전까지는 은행 계좌에 예치되지 않은 상태 즉, 실제 회심자의 숫자로 파악되지 않는다.

회중 모임은 오늘날 솔리드 처치의 주요한 특징이다. 회중 모임은 하나의 중앙 집회를 강조하는 성향이 있다. 이런 집회란 매 주일 아침에 드려지는 대예배를 의미한다. 동일한 장소에 모여 동일한 것을 듣고 나누는 것이 솔리드 처치의 핵심 가치 중 하나이다. 교회의 새로운 형식을 개발하려는 관심에도 불구하고 회중 모임을 지속적으로 유지해야 한다는 기본 전제는 쉽게 변하지 않는다. 심지어 청소년 교회나 청년 예배를 따로 운영하는 교회일지라도[13] 교회의 한 구석에는 회중 모임과 비슷한 형식을 갖추고 있다. 회중 모임은 솔리드 처치의 가장 전형적인 모습이다.

나는 가끔 예배의 진정한 목적이 성직자들이 회중들의 참석 수를 파악하는 것이 아닌가 생각된다. 어쩌면 약간 냉소적일 수 있지만, 솔리드 처치는 주일 예배에 참석하는 사람의 숫자를 성공의 주요 가치로 여긴다. 정기적인 교회 출석이 영적

---

13 영국에서는 청소년 회중을 향한 성장 운동이 일어나고 있다. 일부는 기존 교회에 소속되어 있고, 교회 개척도 있으며, 성육신 선교를 통해 성장하기도 한다.

건강 지표의 핵심이며 교회의 성장은 교인들의 참석 숫자로 측정된다. 솔리드 처치는 주일 예배 참석 수와 집회의 규모를 늘 중요시해 왔다.

바우만은 고체 근대성의 공장 시스템을 파놉티콘(panopticon)으로 설명했다. 제레미 벤담(Jeremy Bentham)에 의해 고안된 파놉티콘은 중앙을 향해 각 층의 방들이 마주 보도록 설계된 원형 감옥이다. 이 감옥의 중심부에서 교도관은 죄수들의 모든 움직임을 관찰하고 그들이 정해진 규정을 잘 지키는지 확인한다. 바우만은 파놉티콘이 단순히 죄수들을 가두는 것만이 아니라 교도관들을 감금하는 것으로도 생각했다.[14] 공장 시스템에서 관리자와 노동자 사이의 관계도 마찬가지이다. 양측은 서로를 감시하고 감시받는 관계로 묶여 있다.

솔리드 처치에서도 회중과 예배 인도자 사이에 이런 비슷한 제약이 나타난다. 주일 대예배의 참석을 신앙생활의 핵심으로 간주할 때, 목회자들은 예배의 참석 여부를 통해 교인들의 신앙이 시들해지는지 쉽게 알아차릴 수 있다. 이런 교회에서 성도들은 목회자의 설교를 듣기 위해 예배에 오지만, 반대로 목회자들은 교인들의 출석 여부를 확인하고자 예배에 올

---

14  Bauman, *Liquid Modernity*, 10.

수도 있다. 양들의 숫자를 세고 그들의 참석을 확인하는 시스템은 우리를 감시와 통제의 건강하지 않은 관계로 이끌 수 있다. 일부 목회자들은 대예배 시스템이 오히려 창조적이고 실험적인 신앙생활을 제한하고, 신자들의 정기적인 참석을 책임져야 하는 부담감 때문에 답답함을 토로한다. 나도 청년부 목사로서 이런 압박감을 느꼈다. 교회 장의자에 앉아 있는 젊은이의 수가 많아졌을 때 나는 잘하고 있다고 평가받았지만, 그들이 줄어들기 시작할 때는 여러가지 문제들이 제기되었다. 이것은 사역자의 임무가 그들의 영적인 건강을 돌보는 것이지만, 그 평가는 그들의 주일 예배 참석율에 있다는 것을 의미한다.

### 무엇보다 크기가 중요하다

고체 근대성에서 공장 건물의 크기는 성공의 주요한 지표였다. 생산 시설의 확장이 곧 사업의 주요한 목표였다. 비슷하게 솔리드 처치도 더 많은 사람을 수용하고 더 많은 활동을 수행할 수 있는 더 큰 건물을 짓는 것에 초점을 맞춘다. 미국의 교외 지역마다 대형교회들이 생겨나고 있으며, 이들 교회와 담임 목회자는 하나의 성공 사례로 제시된다. 윌로우 크릭(Willow Creek)과 같은 교회들은 대형교회로 성장하는 비밀을 알고자 하는 사람들을 위한 프로그램들을 개발해왔다. 역사적인 교회 건물을 가진 영국에는 메가처치가 거의 존재하지 않지만, 대신에 성공적인 교회는 근처에 새로운 지교회를 개척하면서 자신의 영향력을 확장해 나갔다.

교회 개척은 교인의 영향력과 점유율을 높이는 방식으로 발전했다. 교회 개척은 모교회(mother church)와 구별될 수도 있지만 여러 방식에서 동일하다. 대부분의 교회 DNA는 대규모 회중 형식의 모임을 기본으로 가진다. 우리가 교회를 개척할 때 회중 모임 형식으로 개척해야 하는 이유는 대다수가 대예배를 가장 중요하게 생각하기 때문이다.

### 획일적인

대량 생산의 원리에는 상품과 서비스의 표준화가 자리한다. 헨리 포드(Henry Ford)의 격언 중에 "검정이라면 어떤 차라도 어울린다"라는 말이 있다. 즉 솔리드 처치는 많은 수의 다양한 사람들이 같은 장소에 함께 모여 같은 활동을 하는 것이 좋다는 기본 개념을 가지고 있다. 따라서 예배는 모든 환경에 적합한 형태여야 한다. 그 결과 예배는 다소 싱겁고 호불호가 크지 않은 식단처럼 무난한 음악과 영성으로 구성된다. 예배는 훨씬 더 다양하고 새로워야 하지만 참석자들의 취향과 편견 때문에 제한을 받는다. 극단적인 표현은 자제해야 한다. 왜냐하면, 우리의 핵심 가치 중 하나는 정기적으로 교회에 출석하는 사람들의 심기를 건드리지 않는 것이기 때문이다. 한두 명만 비판하더라도 교회 지도자들은 청소년들에게 악기를 내려놓으라고 말할 것이다.

솔리드 처치를 운영하는 사람들은 획일화를 미덕으로 삼는다. 정기적인 주일 예배와 관련된 모든 것은 참석자들이 좋아하지 않더라도, 그들에게 유익하기 때문에 참석해야만 한다는 마음을 갖도록 디자인되었다. 마치 기침약처럼, 우리 몸에 좋다고 하니까 쓴맛을 참는 것과 같다.

### 모임에 참여하기

활동적인 회원들의 많은 시간 투자로 지역 중심의 골프나 테니스 동호회가 지속적으로 유지되는 것처럼 솔리드 처치도 자발적인 봉사자들이 모임을 조직하고 자신들을 위해 운영하는 회원 전용 모임이 되었다. 장기적인 봉사는 다른 사람들로부터 어느 정도의 존중과 권위를 얻게 한다. 많은 핵심 멤버들은 모임을 조직하고 운영하는 것 자체가 목적인지도 모른다.

마을과 도시의 상당수 모임과 협회들이 이와 비슷한 방식으로 활동한다. 동호회 모임은 개인들에게 삶의 목적과 자신의 정체성을 발견할 수 있는 장을 제공한다. 이 장소는 개인들이 사회 활동을 할 수 있도록 만들어 준 작은 세상과 같다. 마치 대장 물고기와 작은 물고기들이 함께 안전하고 안정적으로 노닐 수 있는 작은 연못 같은 곳이다.

이러한 동호회와 같이 솔리드 처치는 자발적인 활동을 통해 자아를 찾고 의미를 발견하고자 하는 사람들이 모이는 곳이 되었다. 교회는 사람들이 안정감과 소속감을 느낄 수 있는 독립된 세계인 연못과 매우 흡사하다. 일반적인 교회에서 진행하는 다양한 역할과 활동들을 잠깐 생각해볼 필요가 있다. 솔리드 처치를 유지하기 위해서는 유급 직원들 뿐 아니라 자원봉사자들의 지속적인 노력과 활동이 필요하다. 이러한 봉사 활동은 신앙의 덕스러운 섬김으로 또 신실한 회원의 모습으로 여겨진다. 특정한 역할을 맡아 안정적으로 일하는 사람들과 함께할 때, 리더들은 자신이 목회자로서 역할을 잘 수행하고 있다고 느끼며 또 회중들의 충성심과 헌신을 느낄 수 있다. 목회자들은 어떤 형식으로든 성도들이 더욱 많이 참여하도록 돕는 것을 자신의 임무로 삼는다. 솔리드 처치는 조직 내의 자발적인 봉사 활동을 제자도의 한 부분으로 본다. 만약 교회 신자들과 영적인 경험을 나누고 친밀함을 원한다면, 이것은 지속적인 봉사 활동과 함께 일어날 것이다.

## 근대성과 교회

우리의 교회들은 현대 문화의 영향에서 자유롭지 않다. 교회 예배 참석의 중요성, 더 많은 교회 개척 강조, 모두에게 안

성맞춤인 예배 형식, 그리고 동호회와 비슷한 교회 생활의 발전 등 이 모두는 고체 근대성을 어느 정도 내재화한 교회의 모습을 잘 보여준다. 나는 이러한 성향의 교회를 '솔리드 처치'라고 부른다.

다양한 방식으로 근대성과 소통할 수 있는 능력은 오늘날 교회의 생명과 에너지에 있어서 중요한 요소가 되었다. 솔리드 처치가 직면한 도전은 현대 문화가 훨씬 변화무쌍한 형태로 변하기 시작했다는 점이다. 거대한 물결이 사방에서 일어날 때, 솔리드 처치는 자신이 매우 다른 장소에 있음을 깨닫게 된다. 우리는 항상 해 오던 일을 여전히 하고 있다고 생각할 수 있지만, 문화의 변화는 우리가 좋든 싫든 간에 우리에게 영향을 미치고 있다. 우리 중에 누구도 문화의 변화에 영향을 받지 않는 사람은 없다. 우리는 공통의 액체 문화(liquid culture)를 공유하고 있다. 우리가 교회를 다른 방식으로 이해해야 할 뿐만 아니라, 우리가 다른 방식으로 교회와 연결되어 있음을 인식해야 한다. 솔리드 처치는 항상 그랬듯이 거의 비슷하게 보일지라도, 안으로는 변화되고 변형되기 시작했다. 다음 장에서 우리는 솔리드 처치의 변형(mutation)된 모습을 살펴볼 것이다.

# 2장

# 솔리드 처치의 변형들:
## 유적지, 피난처, 향수를 불러일으키는 공동체

~~~~~

솔리드 처치는 고체 근대성에서 교회가 되는 성공적인 방법으로 등장했다. 지역 교회의 획일적인 회중 제도는 근대 사회에 적합한 기독교 공동체를 세우기 위한 현실적인 시도였다. 문제는 우리가 적응하고 있던 이 근대 사회가 변하기 시작했다는 점이다. 근대성이 유연하게 변화할수록 과거에 가졌던 확실성은 더욱 모호해진다. 개인의 정체성은 이전보다 더 논쟁의 여지가 많은 영역이 되었고, 도덕적인 확신은 새로운 토론의 주제가 되었으며, 미국인과 영국인에 대해 가졌던 과거의 생각은, 오늘날의 다문화, 다민족의 상황에서 재조정되어야 했다. 이 모든 것은 현대적인 삶이 고정적이지 않고 확실하지 않은, 즉 유동적(liquid)임을 보여주는 예이다. 이런 변화의 상황에 교회도 새로운 국면을 맞이하고 있다. 유동적인 환경은 단순히 사람들이 새로운 형식의 삶을 경험하기에 그들에게 다가갈 새로운 방법을 찾아야 하는 과제만 주는 것이 아니다. 액체 근대성의 진정한 문제는 교회 환경 자체에 영향을 미친다는 사실이다. 이번 장에서는 그동안 근대성이 솔리드 처치에 어떤 영향을 미쳤는지를 살필 것이다. 솔리드 처치에 나타난 이러한 변화와 변형들은 긍정적인 면과 부정적인 면을 가진다. 변화된 풍토에 잘 적응한 교회는 어떤 이들에게는 의미있고 긍정적인 곳이 되겠지만, 새로운 믿음을 찾는 다른 이들에게는 걸림돌이 된다는 점에서는 부정적이기도 하다. 역설적인 것은 이런 긍정과 부정적인 효과 모두가 내가 설명한 근대성의 변형에서 비롯된다는 점이다.

## 공동체 정체성과 소속감

사회, 경제, 문화의 변화는 교회의 본질에 영향을 미쳤다. 우리가 사회를 세 가지 흐름, 전근대(13~16세기), 근대(17~20세기 중반), 탈근대(postmodern) 또는 액체 근대(20세기 중반에서 현재)로 분류한다면, 교회 공동체의 구조가 변화되는 몇 가지 기본적인 방식을 설명할 수 있다.[1] 경제가 주로 토지에 기반을 둔 전근대 사회에서는, 공동체 생활이 '장소성'(sense of place)을 기반으로 한다. 그래서 교회의 교구 사역은 부자와 가난한 자, 즉 땅을 소유한 사람과 그 땅에서 일하는 사람, 모두를 섬기는 방식으로 진행됐다. 마을이나 작은 촌락을 중심으로 조직된 전근대 사회의 공동체들은 비록 항상 공평하지는 않더라도 언제나 포용적이었다.

근대 사회로 진입하면서 공동체와 정체성 형성 방식에 큰 변화가 일어난다. 이주민의 증가와 도시화 그리고 산업화 때문에 지역을 기반으로 하는 교구 제도의 중요성은 점점 줄어든다. 지역사회는 같은 문화와 공동의 경험을 공유하는 다양한 그룹들로 이동한다. 이런 상황에서 기독교인의 정체성 형성에 중요한 기반이 되는 회중 모임을 강조하는 솔리드 처치가 등장한다. 교회는 근대화된 주변 문화의 특정한 가치들을 수용하면서 규모와 숫자로 교회의 성장을 평가하게 된다.

하지만 액체 사회 또는 탈근대 사회에서 정체성과 공동체 개념은 다시 재구성된다. 앤서니 기든스(Anthony Giddens)는 '고도의 근대성'(high modernity)이라고 부르는 현재의 단계에서 정체성 형성은 더욱 복잡하고 덜 확실한 방식으로 전개

---

1    보다 자세한 시대 구분은 데이비드 보쉬의 『변화하는 선교』(서울: CLC, 2010)를 보라.

된다고 설명한다. 우리가 살고 있는 이 세계는 "새로운 형태의 파편화와 분산"을 만들어낸다.[2] 따라서 그는 "자아 성찰 프로젝트"라고 명명하면서 다음과 같이 말한다.[3]

…오늘날은 사회생활의 개방성, 권위들의 다양성, 행동을 일으키는 상황의 다원화로 인해, 자아 정체성과 일상 활동의 구성에서 생활 방식(lifestyle)의 선택이 점점 중요해졌다. 일반적으로 전문 지식을 통해 걸러진 위험에 대한 고려를 전제로 하는 성찰적 삶은 자아 정체성을 구성하는 핵심적인 특징이 되었다.[4]

사람들이 성찰적인 이유는 현대 사회에서 선택지가 계속 증가하기 때문에 자기 자아를 계속해서 살펴야 한다. 사실 선택지가 많다는 것은 오히려 불안감으로 이어질 수 있다. 고체 근대성 속에서, 개인의 정체성은 계층과 성별에 따른 규범에 묶여 있었다. 고체 근대 사회에서 개인의 역할은 매우 엄격하게 제한되어 있었고, 사회 계층 구조와 종교의 질서가 지

---

2    Anthony Giddens, *Modernity and Self-Identity: Self and Society in the Late Modern Age* (Cambridge, UK; Malden, Mass.: Polity Press; Stanford, Calif.: Stanford University Press, 1991), 5.
3    위의 책.
4    위의 책.

배하던 전근대 사회보다도 탈출이 쉽지 않았다. 그러나 오늘
날 급격한 변화와 유동적인 환경에서 이러한 개인의 정체성
은 작동되지 않는다. 오늘날 개인들은 과거의 것들로부터 제
약을 받거나, 그것을 안전과 도피(retreat)의 원천으로 삼지 않
는다.[5] 현대인들은 인생의 도전과 문제들에 스스로 직면하고
있다. 과거에는 집단적인 투쟁으로 사회적 모순을 해결하기
도 했지만 오늘날은 더이상 실행가능한 옵션이 아니다.[6] 결
과적으로 정체성 형성과 위기의 개인화는 우리가 우리 자신
의 성공과 실패를 책임져야 한다는 것을 의미한다. 지그문트
바우만에 따르면, 우리는 어떠한 지침과 안내 없이 많은 것을
스스로 선택해야하는 환경에 처한 개인이 되었다.

사라져가는 사회 규범에서 나타나는 것은 누군가의 사랑과
도움을 찾고 있는 벌거벗고 겁에 질려 공격적으로 변한 자아
이다. 자기 자아와 애정 가득한 사회성을 갈망하다가 자아는
자아의 정글에서 쉽게 길을 잃고 만다. 자아의 안개 속을 헤집
고 다니는 사람은 자아의 고립, 고독한 감금이 거대한 형벌이
라는 것을 알아차릴 능력이 없다.[7]

---

5   Bauman, *Liquid Modernity*, 33.
6   위의 책, 34ff.
7   Ulrich Beck, 다음에서 인용 Bauman, *Liquid Modernity*, 37.

유동적인 근대성이라는 변화의 물결 속에 견고한 자아를 찾으려는 개인의 어려움은 공동체의 운영 방식에 중요한 변화를 가져왔다. 바우만은 근대 또는 전근대 시대에 가능했던 방식은 더이상 가능하지 않다고 말한다. 대신 현대인들은 바우만이 "말뚝", "물품 보관소", 또는 "축제" 공동체라고 부르는 커뮤니티에서 잠깐의 휴식을 찾고 있다. '말뚝 공동체'는 개인들에게 그들의 두려움을 잠깐 묶어둘 수 있는 "못" 주변으로 모일 기회를 제공한다.[8] '물품 보관소' 공동체는 개인들이 이벤트에 맞춰 옷을 입고, 문에 외투를 걸어 두고, 잠깐의 광경을 즐기게 해준다. '축제' 공동체도 마찬가지인데, 정체성과 의미를 찾는 개인들이 유동적이고 불안정한 상황이 주는 요구와 두려움에서 잠깐 벗어나기 위해 한 이벤트 주변으로 모이는 것이다.[9]

바우만은 액체 근대 사회에서 공동체를 세우려는 시도를 환상 같은 것이라고 생각했다. 가장 최선의 방책은 일종의 피난처, 즉 냉대와 격변의 바다 한복판에서 아늑하고 평온한 섬에 머무는 것이다.[10] 그런 피난처를 찾는 사람은 주변에서 무슨 일이 일어나든지 "그럼에도 불구하고" 찾을 것이다.

---

8    Bauman, *Liquid Modernity*, 37.
9    위의 책, 200.
10   위의 책, 182.

유동적인(fluid) 액체(liquid) 사회에서 개인들이 타자와의 관계에서 자아를 찾는 방법은 끊임없이 변화하고 있다. 이러한 환경에서 공동체로 모이는 것은 훨씬 어렵고 솔리드 처치에게 이런 새로운 환경은 특히 더 어려움이 될 수 있다.

## 변형되는 교회

솔리드 처치는 액체 근대(Liquid Modernity) 사회에서도 완전히 사라지지 않고 미묘한 변형을 겪고 있다. 근대 사회에서 전근대적인 교회의 특징이 지속되었듯이, 액체 근대 사회에서도 전근대의 교구 중심 교회와 근대의 집회 또는 모임 중심의 교회 유형은 계속될 것이다. 물론 그들이 존재할 수는 있겠지만, 사람들의 생활과 그들을 둘러싼 문화 유동성으로 인해 변화되지 않은 채 남아있기는 어려울 것이다. 액체 근대 사회는 교구 제도와 회중 모임 형식에 변형을 일으키고 있다. 이러한 변화들은 아주 미세하게 나타나기에 대다수의 교회 리더들은 무슨 일이 일어나고 있는지 알아차리기가 쉽지 않다. 교구와 회중 모임을 이끄는 교회 리더들은 교회가 항상 해 오던 일을 한다고 생각할 뿐이다. 그러나 안타깝게도 회중 모임도 교구 제도도 예전 그대로가 아니다. 액체 근대성은(Liquid Modernity) 오늘날 교회 입구까지 도달했으며 어느새 예배당까지 스며들고 있다.

오늘날 문화의 유동적인 특성은 지역 교구가 더이상 존재하지 않는다는 것을 말해 준다. 지리적인 위치는 그대로지만, 개인과 지역 공동체 그룹 사이의 관계는 실질적으로 변화되고 있다. 전근대의 특징인 지주, 노동자 그리고 성직자로 연결 구성되는 교구 제도는 사라졌다. 대신 도시 노동자 계급만의 사회적 단체가 만들어지고 미국으로 온 유럽 이민자들은 회중 모임의 교회 양식을 탄생시켰다. 바우만과 같은 학자들에게 이러한 변화는 한때 경험했던 공동체가 더 이상 존재할 수 없음을 의미한다.

지역 공동체와 공동 단체의 변화는 교회에 변화를 일으켰다. 한때 교회는 자신을 넘어 사회적 현실을 반영했지만, 지금은 그럴 가능성이 적다. 이것은 교회가 더 넓은 공동체를 성찰하지 않은 데서 오는 부족을 보상해야 함을 의미한다. 만약 교회들이 자신의 외부에서 일어나는 사회적 현실을 깊이 있게 성찰했다면 지금의 변형 가능성은 훨씬 줄어들었을 것이다. 교회가 반영하지 못한 사회적 변화들은 어떻게든 보완되어야 한다. 교회에 출석하는 이들은 저마다 다양한 사회적 필요를 가지고 찾아온다. 이제 교회 출석도 다른 많은 선택지 중 하나인 삶의 방식이 되었다. 우리가 특정 도시에서 어느 교회를 다니는 것도 선택의 문제이다. 소비주의 문화가 지배하는 사회에서, 솔리드 처치는 성공하기 위해 변화에 적응하는 방식을 찾았다. 그 결과 교회는 일반적으로는 그런 변화가 일어났음을 부인하면서도 새롭고 유동적인 시장 환경에 조금씩 적응해 왔다. 이 적응과 변화 덕분에 교회는 자신들을 교회 기본 양식에 맞출 수 있거나 맞추려고 하는 이들에게 다가갈 수 있었다. 그러나 교회의 경직된 특성을 수용할 수 없거나 매력적으로 여기지 않는 사람들에게 다가가기 위해 기존의 방식을 변화시킬 의지는 갖고 있지 않다.

솔리드 처치는 일반적으로 세 가지 방식으로 변형된다. 그 것은 유적지(heritage site), 피난처(refuge), 그리고 향수를 불러일으키는 공동체(nostalgic community)이다. 이것은 영미권 교회에서 나타나고 있는 복잡하고 유기적인 과정을 묘사한 것이다. 어떤 교회도 정확하게 동일한 방식으로 변형되지 않으며 각각의 변형은 동시대의 유동적인 문화에 대한 적응 칵테일로 합쳐진다. 이러한 적응은 많은 이를 교회로 이끌려는 교회 리더의 필요와 불확실한 문화적 환경 속에서 중요함과 의미를 교회에서 찾는 성도들의 바람으로 이루어졌다.

### 유적지로서의 교회

전근대 시대에 교회 예배는 특별할 것이 없는 보통의 문화였다. 16세기 영국 토머스 크랜머(Thomas Cranmer) 대주교는 성공회 기도서를 작성하고, 그것을 공동 기도서(The Book of

Common Prayer)라고 불렸다. 기도서와 킹 제임스 성경에 기록된 언어는 영어라는 언어의 발달에 기여했다. 지역 교회의 예배는 교구 지역 주민들 모두의 공동 예배였다. 근대 시대에 교회 예배는 사람들의 모임과 더욱 밀접하게 관련되었다. 우리는 웨일즈 지역의 공동체를 위한 감리교 찬송가와 뉴잉글랜드 지역의 초기 정착자들을 위한 청교도 설교의 중요성을 알고 있다. 전근대와 근대 시대의 교회 전통들은 공동체 형성에 있어서 경제적, 사회적인 요인들에 결정적인 영향을 받아왔다.

하지만 액체 근대 사회에서 대부분의 교회 전통은 이전의 공동의 뿌리에서 벗어났다. 교구는 더 이상 공동체의 모습을 가지지 않는다. 오늘날 사람들의 삶은 너무 유동적이어서 특정한 장소와의 연결고리가 크게 약화 되었다. 특정한 그룹과 예배 형식 사이의 연결고리도 마찬가지이다. 다양한 삶의 방식은 특정한 그룹과 기독교 예배 사이의 관계를 약화시켰다. 사회적 변화로 인해 많은 교회들이 문화적 시간 왜곡(warp) 속에 갇히고 말았다.

교회는 각각의 시대를 반영하는 예배 형식들로 인해 역사적인 성격을 띤다. 어떤 사람들에게 매주 교회에 참석하는 것은 비호감이기보다 살아 있는 역사의 한 단면을 볼 수 있다는 점에서 상당히 매력적이다. 예배는 문화 산업의 일부가 되었다. 교회의 가치는 과거의 전통을 보존하고 새로운 세대에게 전달하는데 있다. 교회의 전통 중 많은 것들이 문화적으로 가치 있게 여겨진다. 교회 합창단의 음악과 오르간 연주는 고급 예술의 미학을 가진다. 교회의 건축과 문학 작품은 예술적으로 중요한 평가를 받는다. 예배에 참석하는 사람들에게 교회 문화 유산을 계속 유지하는 것은 다른 역사 보존 단체들과 비슷한 면이 있다. 교회는 정체성이나 재정적 측면에서 보존에 열정을 쏟고 투자하는 장이 되었다.

교회의 전통이 액체 근대성으로 인해 변형되면서, 목회자들은 서서히 유적지 큐레이터로 변신하고 있다. 역사 보존 방식도 현재의 회중들을 수용하고자 조정되고 있다. 목회자와 성도들은 지속적인 변화를 갈망하면서도 전통의 무게를 존중하는 것에 모든 노력을 기울인다. 이런 모든 점에서 교회는 역사 기념물이나 유구한 고택을 관리하는 보존 신탁(trust)들과 비슷하다. 교회는 우리에게 맡겨진 것을 미래세대를 위해 보존하는데 중점을 둔다.

## 피난처로서의 교회

새롭고 유동적인 근대 사회는 엄청난 변화와 무한한 선택의 상황에서 어떠한 도움이나 안식처도 제공하지 않는다. 이런 상황에서 개인들은 연대감과 안정감을 느낄 수 있는 환영

받는 장소를 찾게 된다. 공동체성이 사라져갈 때 솔리드 처치는 잠시 머물 수 있는 피난처가 된다. 가정 모임, 주일학교 수업, 클럽 활동, 청소년 사역 그리고 사회 프로그램에서 우리는 비슷한 가치를 공유하는 사람들과 만난다. 피난처 교회에서 우리는 그리스도인이 된다는 것은 확장된 가족의 일원이 되는 것이라고 느낀다. 소속감을 키우기 위해 교회는 다양한 문화를 기독교화하여 농구팀, 골프 모임, 자체 밴드가 있는 청소년 활동을 진행한다. 기독교인 학부모들은 자녀들에게 기독교 영화를 시청하게 하고 기독교 사립학교에 보내거나 홈스쿨링을 하기도 한다. 교회를 통해 우리는 회심한(born-again) 경제 즉, 신앙을 가진 기독교인의 가게, 배관공, 변호사, 정원사, 웹 디자이너를 찾기도 한다. 피난처 교회에서 우리는 헌신된 기독교인과 사업을 하면 더욱 안전할 것이라 여긴다.

안식처가 크면 클수록 그곳은 더 편안하고 더 많은 사람을 수용할 수 있다. 그래서 우리는 사람들을 교회로 이끌기 위해 교회들이 다양한 방식으로 일하는 것을 본다. 일부 교회는 사람들에게 점점 더 매력적으로 되면서 피난처에서 휴양지로 변신하고 있다. 교회는 더이상 어려울 때 비상 엄호를 해주는 곳이 아니라, 이제는 휴가를 즐기는 매력적인 장소로서 자신을 선보이고 있다. 그리고 모든 휴향지에서 그렇듯이, 어떤 사람들은 일 년 내내 그곳에서 살 방법을 찾기도 한다.

## 향수를 불러일으키는 공동체

비록 교회가 피난처와 유적지가 된 것처럼 보일지라도, 교회의 변형은 실제 모습보다는 교회의 개념과 관계가 있다. 고향과 같은 공동체로서의 교회는 상상 속의 과거에 호소한다. 오늘날 교회는 이전에 회중과 사회 집단 사이에 가졌던 가까운 관계 또는 교회 공동체 안에서 예배의 경험과 사회 공동체를 경험할 수 있었던 환경(geography)이 더 이상 존재하지 않음을 안타까워한다. 액체 근대성으로 인해 이 두 종류 공동체의 유대 관계가 느슨해지면서, 이전 세대를 향한 동경이 나타났다. 이러한 동경은 본질적으로 향수를 불러일으킨다. 왜냐하면 그것은 근대성과 전근대성의 교회를 만들어낸 사회적, 경제적 요소들을 고려하지 않기 때문에 향수에 불과하다. 향수의 공동체는 사회에서 공동체적 만남이 가능한 유일한 장소로써 자신을 포장한다. 우리는 교회 안에서 남녀노소가 교회 밖에서는 절대로 하지 않는 방식으로 함께 모인다고 스스로에게 말한다. 이러한 종류의 신념은 우리 회중 모임이 좋은 곳이라고 느끼도록 한다.

향수를 불러일으키는 교회 공동체는 현실보다는 소망에 가깝다. 회중 모임은 보통 단일한 문화로서 한두 종류의 스타일을 반영한다. 흑인과 백인의 대다수는 분리되어 예배를 드리고 노동자들과 중산층도 비슷하다. 그러나 이 공동체는 교회가 스스로를 믿는 신념들 중 하나이기에 매우 강력한 힘을 지닌다.

## 왜 리퀴드 처치가 필요할까

교구와 회중 중심 교회의 변형은 액체 근대성이 기존의 교회를 완전히 없애지는 않을 것임을 보여준다. 얼음이 물로 변할 때, 상당기간 동안 고체와 액체가 함께 존재한다. 우리는 문화의 변화에 따라 고체와 액체 교회가 함께 할 것을 예상해야 한다.[11]

이것은 고체와 액체 근대성에서도 비슷하다. 우리가 설명하는 것은 탈근대, 즉 근대성이 종말을 고한 시대가 아니다. 액체 근대성은 고체 근대성의 일부를 녹이고 적절하게 고체의 다른 부분들을 남겨둔다. 이들 역시 고체 교회의 변형들이다. 교회들이 겉보기에는 비슷하게 보이지만 시대 문화의 변화에 영향을 받고 있다. 이유는 근대성의 몇몇 특징들이 여전히 유효하고 도움이 되기 때문이다. 패디 스캐넬(Paddy Scannell)은 일반 매장에서 (빵을 굽는) 토스터의 종류는 몇몇 기본 색상과 기능들로 제한된다고 지적한다. 우리는 주방용 기구에 개인적인 취향의 디자인을 요청하지 않는다. 그는 이것을 근대성

---

11  이 생각은 케스터 브레윈(Kester Brewin)에 의해 제안되었다.

의 '누구나 사용할 수 있는 구조'라고 부르며, 대량 생산된 제품들은 표준화된 특징들을 보인다고 주장한다.[12] 우리가 기차로 여행을 하거나 치과를 방문할 때, 전문가들에 의해 검증된 적절한 가격에, 믿을 수 있는 안정적이며 안전한 서비스를 기대한다. 우리는 여행하거나 의료 서비스를 받을 때 고체 근대성, 즉 합리적인 근대성을 기대한다.

고체 근대성은 여전히 우리와 함께할 뿐 아니라 심지어 사라져가는 상태일지라도 그 자신의 내용물은 그대로 유지한다. 솔리드 처치도 마찬가지이다. 나는 새로운 아이디어를 좋아하지만 그렇다고 기존의 모든 교회 형식을 폐기해야 한다고 주장하지 않는다. 또한 모든 것이 사라질 임박할 종말론이, 그 앞에 놓여 있는 솔리드 처치를 휩쓸어버린다고 생각하지 않는다. 나는 두 가지 모두를 제안한다.

첫째, 솔리드 처치가 유적지, 피난처 그리고 향수를 불러일으키는 공동체로 변형되면서 액체 근대 사회에서 진정한 선교에 참여할 수 있는 능력이 상당히 줄어들었다. 이러한 변형은 복음의 유전적인 코드를 퇴보시킨다. 이것은 교회가 제공하는 것과 더 중요하게는 사람들이 추구하는 것이 상당히 평

---

12  P. Scannell, "For Anyone as Someone Structures," *Media Culture and Society* 22, no. 1 (January 2000): 5-24; 다음을 보라. 5-6.

가절하되었음을 의미한다. 솔리드 처치는 새로운 환경에 적응하는 방법을 찾았지만, 이러한 적응은 공동체를 성찰하는 데 있어 제한된 레퍼토리 안에 머물게 했다. 솔리드 처치는 어떤 사람들에게는 피난처를 제공했지만, 유동적인 탐색을 하는 다른 사람들을 돕는데는 실패했다. 교회가 자기들만의 공동체 되기를 자처하면서, 더 넓은 사회에서 하나님 나라가 되는 방식을 찾기가 어려워졌다. 솔리드 처치가 문화의 유연한 특징을 무시하면서, 무인도에 스스로 갇혀버렸다. 이 무인도는 재미있고, 과일도 풍부하며 주민들도 친절하다. 그러나 이 안식처는 흔들리는 토대 위에 세워졌다. 몇몇 사람들의 피난처와 휴양지 이면에는 그늘진 현실이 자리한다. 솔리드 처치가 현대 문화에서 이런 변형으로 나타난다면 그것은 스스로를 낮게 평가할 것이다. 고립된 섬의 해변에서 그들이 할 수 있는 것은 다른 이들이 합류하도록 유인하는 것뿐이다. 피난처를 찾는 것이 일상생활과 분리되는 것이기에 주변 문화 안에서 선교할 가능성이 점점 낮아질 것이다.

둘째, 리퀴드 처치가 더욱 본질적인 것은 오늘날의 문화를 진지하게 성찰하고 문화 안에서 기독교 복음의 충만함을 표현하기 때문이다. 반대로 솔리드 처치가 변형된 것은 문화의 변화를 무시했기 때문이다. 그 결과 합리적으로 계획하거나 완전함을 추구하기보다 무엇인가 결핍된 모습으로 변질되어

버렸다. 사람들의 종교적 욕구에 응답하는 과정에서, 더 넓은 영적 욕망에 대응하지 못한 결과이기도 하다. 물론 솔리드 처치는 나름의 방식으로 현대 문화의 변화에 적응할 것이며 많은 지역에서 선교와 복음 전도를 위한 독특한 방법들을 찾을 것이다. 그러나 동시에 이런 교회들은 변형된 교회의 유전적 코드로 인해 사회의 영적 욕망에 유연하게 연결된 새로운 교회를 향한 빈약한 출발점을 가질 수밖에 없다. 이를 위해 우리는 리퀴드 처치로 새롭게 시작해야 한다.

2부 〰〰〰〰〰〰〰〰〰 리퀴드 처치

*Liquid Church*

# 그리스도 안에서 유연한

리퀴드 처치가 된다는 것은 무엇을 의미할까? 주일 대예배
(central meeting)와 회중 모임이 없는 기독교 공동체를 상상
할 수 있을까? 아마도 우리는 회중 모임이 없는 교회를 상상
할 수 없을 것이다. 과연 신앙과 복음의 신실함을 유지하면서
도 유연하고 유동적인 교회가 될 수 있을까? 다음 장에서는
어떻게 리퀴드 처치가 동시대 문화의 변화에 응답할 수 있는
지를 살필 것이다. 사회학적 논의들은 4장, 6장 그리고 8장에
서 다룰 예정이다. 리퀴드 처치의 신학적 토대들은 3장, 5장
그리고 7장에서 다루어질 것이다. 하지만 우리의 출발점은 언
제나 예수 그리스도에 관한 교리를 논의하는 신학이어야 한다.

## 그리스도와 교회

교회의 실재(reality)는 오직 예수 그리스도 안에서 발견된다. 예수는 우리의 기원이고 우리 모두의 진리이시다.[1] 그리스도인이 된다는 것은 곧 그리스도와 연합하는 것이며, 그리스도와 연합하는 것은, 곧 그의 교회와 연합하는 것이다. 티모시 브래드쇼(Timothy Bradshaw)가 언급한 것처럼, "교회는 예수 그리스도의 교회이며, 모든 개별 신자들은 그리스도 안에서 서로 연결되어 있다."[2]

이런 기본적인 신학적 원리로부터 몇 가지의 결론이 도출된다. 첫째, 리퀴드 처치이든 아니든, 어떤 종류의 교회든지 그리스도와의 연합 안에서 그 기원을 찾아야 한다. 그리스도인들은 먼저 그리스도와 연합되어 있을 뿐 아니라, 그리스도와의 연합이 서로를 하나로 이어준다는 것을 기억해야 한다. 둘째, 리퀴드 처치는 오늘날 소비문화의 영향을 인정하고 그 특징들의 일부를 수용하는 한편, "그리스도 안에"가 의미하는 교회의 본질을 구체화해야 할 필요가 있다. 이번 장에서는 "그리스도 안에" 참여하는 것에 대한 바울 신학의 논의를 살피면서 리퀴드 처치의 신학적 기초를 세워보겠다.

---

1   Timothy Bradshaw, *The Olive Branch: An Evangelical Anglican Doctrine of the Church* (Carlisle: Paternoster for Latimer House, 1992), 241.
2   위의 책, 6.

## 그리스도 안에

"그리스도 안에"라는 구절과 그와 관련된 다양한 표현들 (formulations)은 바울이 제시하는 기독교 복음의 중요한 특징을 나타낸다. "그리스도 안에"는 참여적인 바울 신학의 조직화된 은유를 나타내는 개념으로 "이신칭의"와 함께 널리 알려져 있다.[3] 기본적으로 "그리스도 안에"라는 구절은 구원 사건과 관련되어 있다.

> 그런즉 누구든지 그리스도 안에 있으면 새로운 피조물이라 이전 것은 지나갔으니 보라 새것이 되었도다. (고후 5:17)

"그리스도 안에" 있는 것은 새롭게 만들어지고, 다시 창조되는 것이다. 그러나 래드(G. E. Ladd)는 이러한 주관적인 구원의 경험은 보다 넓은 바울의 종말론적인 사상과 관련하여 이해될 필요가 있다고 주장한다. "그리스도 안에" 있다는 것은 모든 사람이 "아담 안에" 존재한다는 바울의 개념과 관련이 있다.[4] 바울은 "아담 안에서 모든 사람이 죽은 것 같이 그리스도 안에서 모든 사람이 삶을 얻을 것"(고전 15:22)이라고

---

3   Dunn, *The Theology of Paul the Apostle*, 390.
4   G. E. Ladd, *A Theology of the New Testament* (London: Lutterworth, 1974), 482.

말한다. "아담 안에" 있는 사람들은 죄악과 죽음의 옛 시대에
속한 이들이다. 반대로 "그리스도 안에" 있는 사람들은 그의
죽음과 부활 속에서 예수와 연합되어 있기에 날마다 살아 있
는 존재가 된다.[5] "그리스도 안에" 있는 새로운 생명이 (이미
우리에게) 왔지만, 아직 도래하지 않았다. 따라서 바울은 "하
나님이 그리스도 안에서 세상과 화해 하셨다"(고후 5:19)고 말
할 수 있으며, 신자들은 "그리스도 안에서 새로운 삶을 얻었
다"(고전 15:22)고 표현할 수 있다.[6]

던은 "그리스도 안에"라는 구절의 용례를 세 가지로 분류
한다. 첫 번째는 그가 "객관적 사용"이라 부르는 것으로 그리
스도의 종말론 연구에 관한 래드의 설명과 일치한다.[7] "그리
스도 안에"의 두 번째는 사용은 더욱 주관적인 특징을 갖는
데, 바울은 그리스도 안에 있는 신자들을 "존재"(being)라고
표현한다. 이것은 개별 신자들 안에서 일어나는 그리스도 사
역의 인격적 영향의 결과이다. 신자들은 "그리스도 안에서 성
화"(고전 1:2) 되었고, "그리스도 안에서 모두 하나"(갈 3:28)이
며, 스스로 그리스도 안에서 살아났고 죄에 대하여 죽은 존재

5   C. K. Barrett, *The First Epistle to the Corinthians* (London: A. C. Black; New
    York: Harper & Row, 1968), 72.
6   Dunn, *The Theology of Paul the Apostle*, 397.
7   위의 책, 397-98.

로 여기도록 권면을 받는다(롬 6:11).[8] 세 번째는 바울의 사역을 "그리스도 안에" 존재하는 것으로 설명하는 부분이다. 바울은 고린도 교인들에게 자신이 "그리스도 안에" 있다고 말한다(고후 2:17). 위와 같은 바울의 다양한 "그리스도 안에"의 사용은 그리스도에 관한 믿음과 함께 "부활하시고 살아 계신 그리스도"에 관한 자신의 경험을 표현한다. 이 두 가지 모두는 바울 사상에서 상당히 중요한 부분이다.[9] 바울이 그가 그리스도의 생명에 붙잡혀 있고 그의 생명이 그리스도의 생명과 연결되어 있다고 느꼈기 때문이다.

"그리스도 안에"와 관련이 있는 또 다른 바울의 사상은 예수 그리스도 역시 신자들 안에 거하신다는 부분이다. 예를 들어 갈라디아서에서 바울은 "내가 그리스도와 함께 십자가에 못 박혔나니 그런즉 이제는 내가 사는 것이 아니요, 오직 내 안에 그리스도께서 사시는 것이라"(갈 2:19-20)라고 했다. 후기 서신들에서 바울은 우리 안의 그리스도를 "영광의 소망"(골 1:27)이라고 불렀고, 에베소서 3장 17절에서 "믿음으로 말미암아 그리스도께서 너희 마음에 계시게 하시옵고"라고 기도한다. 이 모든 것은 바울이 우리와 그리스도의 연합을

---

8  위의 책, 398.
9  위의 책, 400.

신자들 안에 거주하실 뿐 아니라 그의 존재로 신자들을 둘러싸고 계심으로 이해하고 있음을 가리킨다. 이러한 관계는 하나님과 함께하는 친밀함 안에서 신자들을 세워가고 지지하는 것이며 또한 신앙에 대한 보다 넓은 공동체의 기반을 형성시킨다. 그리스도와의 공유된 경험은 그리스도 안에 있는 모든 이들을 하나의 몸(body)으로 연합시킨다.[10]

## 그리스도의 몸 안에서

몸은 교회에 관한 바울 신학의 대표적인 이미지이다.[11] 몸의 은유(metaphor)는 고린도전서 10장과 12장, 골로새서와 에베소서에서 나타난다. 바울이 교회를 향한 은유로써 몸을 사용하는 것은 1세기 당시 도시나 국가의 상징으로서 몸을 언급하던 관례이기도 했다.[12] 몸의 은유는 그의 독자들에게 상당히 친숙한 언어였을 것이다.[13] 던은 몸의 은유를 통해 바울의 사상이 (이스라엘의) 민족 국가를 기반으로 하는 기독교 공동체의 모습에서 지역 공동체 또는 정치적 통일체(body politic)와

---

10  위의 책, 401.
11  위의 책, 548.
12  위의 책, 551. F. F. 브루스의 고린도 전  후서를 보라. *The New Century Bible Commentary* (Grand Rapids, Mich.: Eerdmans, 1971), 120; Hans Küng, *The Church* (London: Search Press, 1968), 228.
13  Dunn, *The Theology of Paul the Apostle*, 548.

연결되는 이미지로 발전한다고 주장한다. 로마서에서 바울은 이스라엘을 하나님의 백성으로 생각하던 개념에서, 로마서 12장 5절의 제물 개념의 육체를 말하는 것으로 빠르게 나아간다. 그리스도의 몸에 관한 바울의 관점에서 연합(unity)은 같은 장소에서 살아가는 것으로 형성되는 것이 아니라, 그리스도에 대한 공통의 충성과 연결로 이루어진다. 던이 말했듯이:

> 그러나 "몸"으로서 그리스도인 회중의 정체성은 지리적 위치 또는 정치적인 충성에 따라 주어지는 것이 아니라, 그리스도를 향한 그들의 공통된 충성에 의해 부여된다. (가시적으로 표현되는 최소한의 세례와 그의 몸을 나누는 성만찬처럼)[14]

그리스도의 몸은 은사적(charismatic) 공동체로 여겨진다. 로마서와 고린도전서에서 쓰인 카리즘(charism)은 하나님의 은혜로운 선물의 결과이다. 던에 따르면, 은사는 카리스(charis)와 밀접한 관련이 있으며, "하나님 은혜의 구체적 실현"(materialization)을 나타낸다.[15] 고린도전서 12장에 나오

---

14  위의 책, 551.
15  위의 책, 554.

는 하나님의 은사는 다양한 봉사 행위와 연결되어 있다. 은사를 지닌 개인들의 활동은 공동선(common good)을 위한 것이다.[16] 그리스도 몸의 기본적인 모습은 다양성과 일치성이다. (각 지체의) 다양성은 교회에 헌신하는 여러 구성원과 그들이 교회에 기여하는 은사의 활동으로 나타난다. 각 지체는 개별적인 존재가 아니며, 그리스도의 몸에 연결된 존재로서 그들의 은사에 따라 특별한 방식으로 공동체에 헌신해야 한다.[17]

그리스도의 몸은 성령님의 은사로 구성된다. 세례와 성령의 사역을 통해 개별 신자들은 "그리스도 안에"서 하나가 된다. 놀랍게도 그리스도 안에서의 연합은 인종적, 사회적 장애물들을 초월하며, 성령을 마심으로 하나가 되었음을 의미한다. 그래서 바울은 "한 성령 안에서 우리는, 유대인이든 헬라인이든, 노예이든 자유인이든 한 몸으로 세례를 받으며, 하나의 영을 마시게 되었다"(고전 12:12)고 말한다. 이 구절을 묵상하면서, 바레트(C. K. Barrett)는 세례가 그리스도 뿐 아니라 다른 모든 신자들과 연합하는 과정으로 이해해야 한다고 주장했다.[18] 신자들의 교제는 인간의 행동에 의해 만들어지는 것이 아니라 성령의 생명을 서로 공유함으로 주어지기 때문이다.

---

16 위의 책.
17 위의 책, 559.
18 Barrett, *First Epistle to the Corinthians*, 288

## 그리스도 안에 또는 교회 안에

신자들이 서로 함께 하나가 되는 이유는 그들이 예수와 연합했기 때문이다. 하지만 이러한 우선순위를 뒤집어 교회에 가입함으로써 그리스도와 하나가 되는 것처럼 보이게 하려는 유혹이 있다. 세례와 성령 충만을 통해 그리스도와 연결되는 것은 어떤 교회적인(ecclesiastical) 형식들보다도 우선되어야 한다. 그렇다고 교회의 사회적이거나 예전적인 생활이 회심의 수단이 될 수 없다는 것은 아니다. 하지만 그리스도와의 연합을 우선시하는 이유는 그것이 새로운 교회가 될 가능성을 만들어내기 때문이다.

바울이 "그리스도 안에"라는 표현을 사용한 것은 제도적인 교회 생활 너머로 우리를 이동시키기 위해서이다. 우리의 행동과 말이 그리스도의 성품과 삶에 일치할 때 우리는 "그리스도 안에" 있게 된다. 우리는 성령의 인도하심과 가르침을 경험할 때 "그리스도 안에" 머물게 된다. 우리는 함께 예배하며 찬양할 때 "그리스도 안에" 있게 된다. 우리 안에 거하시는 그리스도는 모든 생명에 스며들어 그분의 에너지와 존재로 세상을 둘러싸고 계신다. 골로새서 저자가 말한 것처럼, 그리스도는 모든 피조물보다 먼저 나신 분이시다. 그분을 통하여 모든 만물이 창조되었고, 그분을 통하여 모든 만물은 하나님과 화해한다(골 1:15). 만약 우리가 그리스도와 연합되어 있다고 주장한다면, 우리는 또한 세상 안에서 역동적으로 흐르는 하나님의 능력과 연결되어 있다는 의미이다.

"그리스도 안에"있다는 것이 무엇을 의미하는지와 "교회 안에"있다는 구절을 사용할 때 즉각적으로 어떤 생각이 떠오르는지, 이 두 개념 사이의 차이점을 생각해볼 필요가 있다. 우리가 "교회 안에"라고 말할 때, 우리는 마음속으로 어떤 형태의 건물을 떠올릴 것이다. 바로 이 이미지가 리퀴드 처치에 관한 논쟁의 핵심이기도 하다. 우리는 만물이 함께하는 그리스도의 충만함을 반영하는 교회를 상상하는 방법을 찾아내야 한다. 바울은 그리스도 안에 있는 역동적인 삶의 방식과 그리스도의 몸 안에서 다른 그리스도인들과 하나된다는 생각을 결합할 수 있었다. 우리에게 이 두 가지 생각이 멀리 떨어져 있는 것처럼 보이지만, 우리가 생각을 전환할 수 있다면, 온전한 새로운 존재로서 "그리스도 안에"있을 뿐 아니라 '그리스도의 몸 안에' 있는 새로운 방식이 열릴 것이다. 바로 이것이 내가 교회를 액체(liquid)라고 언급하는 이유이다. 단순히 "교회 안에" 존재하는 것을 넘어서 그리스도의 유연한 생명에 사로잡힌다는 의미에 다가가려는 이유이다.

## 그리스도의 몸

그리스도와 연합한다는 것은 그리스도의 몸에 연결된다는

것이다. 이러한 그리스도에 대한 집단적인(corporate) 그리고 신체적인 표현은 교회의 모든 신학의 기초이다. 그리스도의 몸에 관한 생각은 사람들의 마음속에 매우 깊이 자리하고 있다. 하지만 우리가 이 진리를 어떻게 표현할 수 있을지 고민할 필요가 있다. 왜냐하면 그리스도의 몸이 교회라고 말하는 것과 교회가 그리스도의 몸이라고 말하는 것은 다르기 때문이다. 바울 신학에 관한 나의 이해는, 그리스도와 우리의 연결이 다른 어떠한 방법보다 우리를 그의 몸의 일부로 만든다는 사실을 강조해야 한다는 것이다. 리퀴드 처치에 대해 강의할 때, 이 구분은 논쟁의 핵심 가운데 하나였다. 대부분의 사람들은 현대 사회의 개인주의를 반대하는 것에 관심이 있다. 한 목회자는 포스트모던 문화를 소비 중심적이고 파편적이라고 표현하기도 했다. 이와 대조적으로 그는 교회를 이러한 "파괴적인 권력"에 대항하는 공동체로 여겼다. 그는 기존 교회를 기업과 같은 공동체로 보는 그의 생각에 내가 문제를 제기하는 것을 불편해했다. 그리고 유동적인 의사소통 네트워크가 어떻게 그리스도의 몸이라는 비전을 성취할 수 있는지 이해하지 못했다. 내가 설명하고 싶었던 것은 리퀴드 처치에 대한 그의 반대가 오해에서 비롯됐다는 점이다. 자유로운 개인주의를 찬성하면서 공동체적 교회를 포기하자는 것이 아니다. 내가 제안하는 것은 그리스도의 공동체가 어떤 모습일지에 대한 다양하고 폭넓은 문화적 표현들이 있다는 것이다.

문제는 대다수 그리스도인이 지역 교회와 "그리스도의 몸"이라는 신학적 묘사를 필연적으로 연결 짓는다는 것이다. 여기에는 교회가 그리스도의 몸이라는 중요한 진리가 담겨있다. 그러나 동시에 순서를 바꿔서 그리스도의 몸이 곧 교회라고 말하지 못하는 것은 우리가 제도권의 바깥에서 우리 자신을 상상하지 못한다는 것을 의미한다. 하지만 이러한 전복적인 상상이 리퀴드 처치의 토대가 된다. 우리는 순서를 뒤집어 우리가 그리스도와 연합되었기에 서로 연결되며, 이러한 그리스도의 공동체적 삶을 표현할 때 '우리가 교회다'라고 말한다. 교회에 대한 개념은 계속해서 개혁되고, 변화되고, 형성되고 재형성된다. 관계, 모임 그리고 소통은 사람들 사이에 연결을 만들기에 교회를 형성하는 데 필수적이다. 개인들이 그리스도 안에서 서로가 하나 되는 것을 발견할 때 네트워크는 성장하게 되어 있다. 예배, 기도 그리고 선교는 이러한 역동적인 연결에서 비롯된다. 이것은 파편화와 개인주의를 수용하는 것과는 거리가 있다. 우리는 지금과 같은 교회만이 공동체적 그리스도를 표현하는 유일한 방법이라고 생각하지 않는다.

## 참여와 차이

한 몸으로서 그리스도와 연합한 신자들에 대한 바울의 비전은 일치(unity)에 대한 것만이 아니라 차이에 대해서도 상당히 강조한다. 눈, 귀, 발과 같이 각각의 몸의 지체들은 독특하면서도 중요한 역할을 담당한다. 각각의 차이들은 근본적이고 변화될 수 없으며, 함께 모여 전체로서의 몸의 생명을 만들어간다. 이런 주장의 핵심은 몸의 각 부분으로서 더 나은 선을 위해 각자의 역할을 한다는 점이다. 우리는 서로를 필요로 하지만, 더욱 중요한 것은 모두가 각자의 기능에 충실해야 한다는 사실이다. 이런 비유를 볼 때, 그리스도에 연합된 사람들은 다름의 존재를 인정하는 듯 보인다. 사실 바울은 서로의 상호 이익을 위해서 그들의 차이를 표현하라고 격려했다.

　많은 교회에서, 그리스도의 몸에 관한 이러한 생각은 전 교인 모두가 사역을 맡는 형태로 표현되어왔다. 리퀴드 처치는 이 생각을 확장하고 그 순서를 뒤집는다. 리퀴드 처치가 모든 사람이 사역을 하는 장소가 되는 것이 아니라 그리스도에 연결된 사람들의 적극적인 사역으로부터 리퀴드 처치가 만들어지는 것이다. 사람들이 그리스도와 연합하고 다른 사람들과 함께 그리스도 안에서 친교를 나눌 때, 믿는 자들의 이러한 신실한 소통은 네트워크화된 모습으로 드러나고 이것이 곧 교회가 되는 것이다.

## 리퀴드 그리스도에 연결됨

그리스도 안에 존재하는 신자들의 삶에 대한 바울의 일관된 주장은 우리를 그의 깊은 신학적 상상력으로 인도한다. 그는 삶을 그리스도와의 친교(communion) 안에 사는 것으로 이해한다. 이것이 단순히 개인적인 영적 경험이 아닌 것은 그리스도와의 연결은 서로 간의 연결을 가져오기 때문이다. 이것은 우선순위에 관한 신학적 논쟁이다. 리퀴드 처치는 이론적인 체계를 바탕으로 새로운 형태의 교회가 등장할 수 있도록 돕는다. 그 과정에서 몸의 참여, 다름의 가치, 공동체의 필연성, 그리고 이러한 것들이 그리스도의 경험과 성령의 역사에 바탕을 두는 것 등을 핵심 가치로 추구한다.

# 4장

# 리퀴드 처치의 연결과 흐름

~~~~~

 

액체는 유연한 흐름이 특징이다. 흐름은 액체 안에 담긴 작은 입자들이 자유롭게 서로를 넘나들고 이동하면서 계속해서 움직이는 것처럼 보이게 한다. 이러한 흐름은 액체가 자신만의 고정된 형태를 가지고 있지 않음을 뜻한다.(간추린 옥스퍼드 영어 사전의 liquid를 참조하라) 반대로, 고체는 액체와 같은 방식으로 움직이지 않으며 형태가 고정되어 있고 단단하며 고정적(located)이다. 지그문트 바우만은 모양 또는 고체성(solidity)을 '장소의 고정'(fixing space)과 '시간의 묶임'(binding time)의 결합물(the equivalent)로 이해했다.[1] 고체는 "시간의 영향으로부터 중립적"이다. 고체의 모양을 설명할 때, 그 모양이 바뀌거나 움직이는 모습에 대해서는 논의할 필요가 없다. 변화와 움직임은 우리가 시간을 하나의 요인으로 인정할 때에만 의미가 있다. 예를 들어 나의 딸이 그녀의 침실에서 용암(lava) 모양의 램프를 켤 때, 이상한 접착 물질들이 이리저리 움직이는 모습을 생각해보자.

아마도 다음과 같이 묘사할 수 있을 것이다. "처음은 둥근 달걀 모양이었는데, 그다음은 커다란 조각이 떨어져 나가고, 그다음은 무엇인가 램프의 꼭대기를 향해 솟아오르기 시작한다. 그리고 그 조각은 하트 모양으로 변하고 등등.", "그다음은"을 반복적으로 사용하는 것은 모든 유동체와 마찬가지로, 램프의 용암은 끊임없이 변화하는 것이 가장 중요한 특징이기 때문이다. 이것은 오직 시간의 개념을 통하여 표현할 수 있다. 바우만이 말한 것처럼, 우리가 고체를 설명할 때, 시간은 그리 중요하지 않지만, 우리가 액체, 흐름 그리고 움직임에 관해 말할 때는 시간이 핵심적인 요소가 된다.[2]

---

1    Bauman, *Liquid Modernity*, 2.
2    위의 책.

액체는 쉽게 움직인다. 액체는 흐르고, 떨어지고, 나가고, 튀기고, 쏟아지고, 유출되고, 넘치고, 뿌려지고, 스며든다. 고체와 다르게 액체는 쉽게 멈추지 않고, 장애물을 만나도 통과하고 휘어져서 돌아간다.[3]

액체는 멈추지 않고 계속해서 움직일 수 있다. 유동성(Fluidity)은 고정되지 않는 액체의 성질이다. 우리가 식당에 앉아 있을 때, 테이블 주변의 움직임에 따라 물잔의 물이 약간씩 움직이는 것을 볼 수 있다. 물잔이 엎어지면 테이블에 있던 사람들은 물이 떨어지는 방향에서 벗어나기 위해 재빨리 이동한다. 물이 바닥에 떨어질 때 카펫에 부드럽게 스며들거나 바닥의 윤곽을 따라 흘러가는 것을 볼 수 있다. 이렇듯 이동과 흐름은 액체의 본질이자 근본적인 요소이다.

만약 우리가 리퀴드 처치를 상상한다면, 움직임과 변화는 교회의 근본적인 특징 중 일부가 되어야 한다. 우리는 건물과 회중 모임을 중심으로 하는 고정적인 교회 모델을 포기해야 한다. 대신 그 자리에 유연하고 변화에 반응할 수 있는 공동체, 예배, 선교 그리고 조직을 설명할 수 있는 새로운 개념을 개발할 필요가 있다. 변화를 설명할 때 '흐름'이란 개념이 핵

---

3   위의 책.

심이다. 리퀴드 처치는 일련의 움직임과 흐름으로 자신을 표현한다. 액체처럼 리퀴드 처치는 계속되는 흐름을 따라 퍼져 가고, 스며들고, 쏟아진다.

그렇다고 리퀴드 처치에서 어떤 조직이나 구조의 개념을 완전히 폐기해야 한다는 것은 아니다. 액체는 어떠한 고체 용기의 모양을 취할 수 있다. 식당에서 제공되는 물이 물잔의 형태를 취하는 것과 마찬가지다. 같다. 물을 다른 컵에 옮기더라도 물은 고체 용기의 형태에 맞게 변화된다. 흐르는 액체도 같다. 액체의 흐름은 고체 구조에 따라 그 방향, 범위, 형태가 조절될 수 있다. 우리 집의 난방 시스템은 라디에이터와 파이프를 따라 흐르는 온수의 규칙적인 흐름에 의존한다. 강물도 유사하게 흐르는 과정에서의 물리적인 환경의 영향을 받는다.(물론 시간이 지나면서 강은 계곡과 호수를 형성하고 마을의 모양을 만들기도 한다) 해안선이 바다를 형성하는 것처럼 보이지만, 사실은 바다가 해안선을 만들어왔다. 동일하게 리퀴드 처치도 마찬가지이다. 액체 상태의 교회는 여러 가지 흐름을 따라 다르게 형성된다. 흐름은 수많은 이동과 다양한 연결을 통해 일종의 네트워크의 형태를 띤다. 리퀴드 처치는 다양한 네트워크 연결을 형성한다. 이러한 흐름과 네트워크는 리퀴드 처치의 여러 활동을 만들 뿐만 아니라 리퀴드 처치의 조직을 만드는 데 도움이 될 것이다.

## 연결과 흐름들

마누엘 카스텔에 의하면, 네트워크는 일련의 연결망의 노드들(nodes, 연결점)을 연결하는 통신선으로 구성된다. 노드는 개인과 , 조직, 의사소통의 시스템 또는 심지어 정치적인 구조이다. 네트워크는 통신 기술의 급속한 발전을 가져왔고 그 통신 기술로 네트워크가 만들어진다. 카스텔이 말하기를 이러한 현상은 산업화 시대가 아니라 정보화 시대인 현세대를 만든다.[4] 사회 조직과 구조는 새로운 정보의 혁신에 따라 결정적인 영향을 받았다. 네트워크에서 누가 권력을 쥐고 있는가는 누가 스위치를 제어하는가에 달려있다. 그러나 이 새로운 유동적인 환경에서는 여러 개의 스위치가 있기에 권력이 한곳에 집중되기보다는 분산된다.[5] 만약 우리가 현대 문화의 변화를 이해하고자 한다면, 네트워크가 작동하는 방식과 네트워크가 이 변화를 가져온 방식을 살펴야 한다. "네트워크는 우리 사회의 새로운 사회적 형태를 구성하며, 네트워킹 논리의 확산은 생산, 경험, 힘, 문화의 작동과 결과를 실질적으로 변형시킨다."[6]

---

4   Manuel Castells, *The Rise of the Network Society* (2d ed.; Oxford: Blackwell, 2000), 164.
5   David Lyon, *Jesus in Disneyland: Religion in Postmodern Times* (Cambridgs, UK; Malden, Mass.: Polity Press, 2000), 38.
6   Castells, *Rise of the Network Society*, 500.

카스텔은 글로벌 경제 단위에서 결정이 내려지는 과정을 통해 자신의 주장을 설명하는데, 그는 금융 시스템을 움직이는 것은 장소보다는 오히려 프로세스, 즉 '글로벌 도시들'의 연결에 있다고 주장한다. 우리는 월스트리트나 프랑크푸르트, 런던만으로 글로벌 금융 시스템을 설명할 수 없다. 통신 기술은 이 모든 장소들이 수백만 가지의 다양한 방식으로 연결되어 있음을 의미한다. 세계화된 금융 시장의 힘과 영향력을 표현하기 위해 우리는 네트워크 연결과 의사결정 과정에 기반을 둔 더 넓은 개념이 필요하다. 바로 흐름이다. 카스텔은 이러한 네트워크와 흐름의 결합을 "글로벌 도시"(global city)라고 정의했다.[7] 물론 금융 시장과 기관들을 연결하는 하나의 글로벌 도시만 존재하는 것이 아니라 다수의 도시가 존재한다. 우리가 글로벌 도시의 너머를 관찰할 때, 우리는 대륙, 국가 그리고 지역 단위의 경제를 특징짓는 다른 구조들을 볼 수 있다. 이러한 모든 것은 글로벌 네트워크에 연결되는 자기만의 노드를 가진다.[8]

글로벌 도시는 정보화 사회에서 작동하는 다양한 네트워크 중 하나의 예시이다. 네트워크는 많고 다양할 뿐 아니라 네트

---

7 　위의 책, 443.
8 　위의 책.

워크가 구성되는 방식은 네트워크가 처리하는 제품이나 서비스에 따라 달라질 수 있다. 카스텔은 통신 연결이 발생하는 장소를 노드라고 설명했다. 노드는 조직이나 미디어 플랫폼, 회사 또는 개인들일 수 있다. 시간이 지나면서 어떤 노드는 다른 노드보다 더 중요한 존재로 부상할 것이다. 이러한 핵심 노드는 특정한 역사적, 지리적 또는 개인적인 상황에서 발생할 수 있다.[9] 노드의 중요성은 네트워크 안에서의 계층 구조(hierarchy)만큼이나 기능과 관련되어 있다. 특정한 서비스와 상품을 제공하는 회사는 다양한 플랫폼과 고객들에게 연결될 것인데 이것은 그 회사에 유익이 되기 때문이다. 이것은 연결되고자 하는 그들의 목적에 부합한다. 네트워크의 중요성이 증가하면서 특정한 위치는 핵심 노드가 되거나 다른 노드들이 서로 연결되고 교차하는 연결의 중심(hub)이 될 수 있다.

빠른 통신 속도는 네트워크의 구조(architecture)를 형성한다. 활동과 정보의 흐름은 시스템을 통하여 흘러가는 과정에서 선택되거나 제외되기도 한다. 네트워크는 일련의 흐름을 가능하게 하고, 이러한 흐름은 현대 사회를 만든다. "우리 사회는 자본의 흐름, 정보의 흐름, 기술의 흐름, 조직의 상호 작용의 흐름, 이미지, 소리 그리고 상징의 흐름을 중심으로 구성

---

9    위의 책, 444.

된다."[10]

흐름은 단지 사회 조직의 한 측면으로만 볼 수 없다. 그것들은 우리 사회와 경제 구조를 지배하는 일련의 과정이다.[11] 네트워크에 의해 형성된 패턴과 연결을 설명할 때, 우리는 노드들 사이에서 발생하는 소통의 중요성을 간과할 수 없다. 네트워크의 구조보다 소통의 "과정들"이 그 특징을 결정하기 때문이다. 사람들은 네트워크의 기능, 복잡성, 규모 등에 관심을 둘지 몰라도 진정한 창조적 능력은 시스템이 아닌 네트워크를 통과하는 흐름에 있다.

### 리퀴드 처치, 낯선 것은 아니다.

유연하거나 유동적인 교회를 이해하는 것은 생각보다 당혹스러울 수 있다. 우리는 다 함께 모이는 회중 형식이 아닌 교회를 상상하기가 쉽지 않다. 하지만 우리는 유연하고 변화 가능한 교회 문화를 이미 상당히 가지고 있다. 지역 교회 그리고 더 넓게는 국가적인, 국제적인 차원에서 네트워크가 작동하고 있는데, 이는 네트워크가 특정한 종류의 소통과 기독교 활동을 가능하게 하기 때문이다. 즉, 우리는 이미 일련의 흐름

---

10  위의 책, 442.
11  위의 책.

또는 과정과 밀접하게 연관된 교회 생활을 하고 있다. 만약 우리가 더욱 유연하고 유동적인 교회 구조를 발전시키고 싶다면, 이미 존재하는 네트워크로부터 배우고 새로운 변화를 위한 형식으로 활용해야 한다. 그러면 우리는 리퀴드 처치가 그렇게 위협적이거나 낯선 것이 아니라는 것을 깨닫기 시작할 것이다. 사실 우리가 기존 교회에 대해 가치 있게 여기는 부분들은 고체보다 액체(fluid)에 더 가깝다. 기존의 솔리드 처치에서 네트워크에 기반한 소통과 관계가 어떻게 이루어지는지 설명하기 위해 두 가지의 예를 들어보겠다.

### 네트워크 사례 1: 부모와 자녀들 모임

내가 사는 마을의 지역 교회는 젊은 부모들과 미취학 자녀들을 위한 주중 모임을 가지고 있다. 대략 8~10명의 여성들이 정기적으로 모임에 참석하고 다양한 연령의 미취학 자녀들을 함께 데리고 온다. 그들 대다수는 기독교인이지만, 모두가 이 모임을 주관하는 성공회 교회에 출석하지는 않는다. 오전 모임 동안 성경 말씀을 나누고 찬양도 하지만 커피를 마시고, 대화하고 자녀를 돌보는데 시간 대부분을 보낸다. 이런 방식의 모임이 우리 교회에만 있는 특별한 점이 아닌 것은 다른 대다수 교회도 그들의 건물에서 이런 비슷한 모임을 하기 때문이다. 참석하는 부모들에게 이런 모임은 일상생활을 위해 서로를 응원하고, 관계를 맺으며 친밀한 우정을 나누는 장이 되었다. 따라서 이런 모임들은 교회의 본질을 이루는 핵심으로 여겨져야 하며, 단지 일부 사람들을 위한 활동으로 좋은 모임이긴 하지만 일요일 예배에 비해서는 부차적인 것으로 여겨져서는 안 된다. 이런 종류의 모임들은 소통과 관계의 유동적인(fluid) 네트워크가 무엇인지를 잘 보여준다. 성경 말씀이 이 작은 모임으로 흘러 들어간다. 그리스도인 공동체의 사랑이 모임의 여성들에게 흘러 들어가고 그들 사이에 흐르고 있다. 하나님이 어디에서나 우리를 만나 주신다는 것을 더욱 이해하게 된다.

얼마나 많은 연결과 소통이 이런 작은 모임들을 통해 나타났는지 생각해볼 필요가 있다. 우선 미취학 자녀 모임에서 만나는 부모와 교사들 사이에서 일어나는 소통을 생각해볼 수 있다. 물론 이것은 시작에 불과하다. 왜냐하면 이들은 일주일 내내 여러 상황에서 다양한 관계로 만날 것이기 때문이다. 일상에서 그들이 서로를 만나는 다양한 상황과 환경을 추적한다면 우리는 상호 작용의 복잡한 연결망을 그릴 수 있을 것이다. 또한 이 모임의 각 사람은 그들의 가족들과 연결되어 있다. 어떤 여성은 더 큰 자녀들이 있을 수도 있고 대부분의 여성은 남편이나 파트너가 있을 것이다. 그리고 더 넓은 확대 가족 네트워크를 가지고 있을 것이다. 각 여성 모임은 이 모든 관계의 연결망의 중심이 되는 허브와 같다. 게다가 각자의 친구들, 그리고 마을의 큰 공동체와의 관계를 추가한다면, 연결망은 다시 기하급수적으로 증가한다. 교회는 공동체 안의 이러한 네트워크를 따라 흘러갈 수 있으며, 다양한 삶의 여러 상황에서 예수님의 가르침을 연결시킬 수 있다.

만약 우리가 교회를 단일한 회중 모임이 아닌 관계에 기반을 둔 연결로 생각한다면, 미취학 자녀 부모 모임의 중요성은 더욱 분명해진다. 그 안에서 우리는 복잡한 관계의 연결 즉, 공동체 안에서 더 넓게 펼쳐지는 네트워크의 놀라운 가치를 발견하게 되며 이것이 일종의 리퀴드 처치이다.

이런 관계와 연결을 만드는 것은 그들이 만들어낸 특별한 형태에서 발견되는 것이 아니다. 또한 회중 모임이나 교단과 조직적으로 연결되어 있기 때문에 이것을 교회라고 말하지 않는다. 이것을 교회로 만드는 것은 예수 그리스도와 연결된 사람들이 서로 연결되어 있다는 점이다. 그들이 서로 연결될 때 그들은 그리스도 안에서 교제를 나눈다. 예수님의 말씀처럼, 두세 사람이 그의 이름으로 모일 때, 예수님께서 그들 가운데 거하신다.(마 18:20) 이것이 바로 그러한 연결들이 교회가 되는 것을 보여준다.

## 네트워크 사례 2: 찬양

주일 아침, 예배 인도자가 찬양을 시작한다. 가장 최신의 예배 곡이 울려 퍼진다. 영국의 작곡가 매트 레드맨(Matt Redman)의 곡이라고 가정하자. 그날 아침 교회에서 그 곡이 불려질 때까지 관여한 많은 사람과 단체, 그리고 미디어들의 활동들에 대해 생각해본 적이 있을까? 이것이 바로 오늘날 교회 안에서 네트워크가 작동하는 또 다른 사례이다. 기독교의 예배 현장은 기독교의 글로벌 커뮤니케이션의 한 예이다. 기독교 음악 시장은 전 세계적이지만 그것은 지역 교회, 심지어 개인의 차원까지도 영향을 미친다. 우리는 이 곡이 나오기까지 다양한 제작과 소통 과정을 상상할 수 있다. 우리는 매트가 집에 앉아서 기타를 치면서 찬양할 때 하나님의 임재 안에서 곡을 쓰는 모습을 떠올릴 수 있다. 사실 네트워크의 연결들은 곡을 작곡하기 이전에 시작된다. 매트는 아무것도 없는 진공 상태에서 곡을 쓰지 않는다. 그는 자신이 현재 진행하는 사역의 일부로서 그의 사역에 유용한 곡을 쓸 것이다. 그뿐만 아니라 그는 영적으로나 음악적으로 서로를 격려하고 영감을 주는 더 큰 예배 인도자 모임의 일원일 수도 있다.

만약 매트가 당신의 교회와 예배 인도자에게 직접 찬양을 가르치지도 않았는데 그의 노래를 함께 부르고 있다면, 당신의 교회에 그 찬양과 가사가 전달되는데 여러 네트워크와 과정들이 필요했을 것이다. 찬양은 이러한 연결들이 만들어내는 소통의 결과이다. 이러한 연결들은 복잡할 수 있으며, 찬양은 여러 가지 다른 방식으로 전달될 수 있다. 당신 교회의 예배 인도자는 스튜디오에서 녹음하거나, 음반 회사 그리고 서점이나 다른 매체를 통해 수많은 관계와 과정의 네트워크 결과물인 CD를 통해 그 노래를 들었을지도 모른다. 또는 당신의 예배 인도자가 기독교 행사의 기획자와 밴드, 엔지니어 등의 다양한 다른 네트워크를 통해 그 노래를 듣고 배웠을 수도 있다. 더 나아가 예배 인도자가 음악 잡지나 예배곡 모음집을 통하여 찬양을 듣거나, 또 다른 예배 인도자들의 네트워크에 소속되었을 수도 있다. 이렇듯 찬양이 우리에게 전달되는 과정은 상당히 복잡한 연결들이 관련되어 있다. 이러한 흐름이 보여주는 사실은 기독교 공동체 역시 폭넓은 사회를 반영하는 중요한 소통의 네트워크를 가지고 있다는 것이다. 그래서 우리가 최신 찬양을 부를 때 우리는 복잡한 네트워크에 의해 가능해진 일종의 흐름에 참여하게 된다. 리퀴드 처치는 정말 우리 가까이에 있다.

## 우리 주변의 리퀴드

위의 사례들은 솔리드 처치가 지배적인 상황에서 우리가 유연한 기독교 문화를 경험하기 시작했음을 보여준다. 우리는 현재 일어나는 변화를 통하여 많은 교훈을 얻을 수 있으며, 이러한 교훈은 우리를 더욱 리퀴드 처치로 인도할 것이다.

### 교훈 1: 관계의 중요성

부모와 미취학 자녀 모임은 기독교 공동체가 어떻게 관계적인 네트워크의 역동성을 가지고 존재할 수 있는지를 잘 보여준다. 많은 경우에서 이러한 관계들은 회중 모임과 함께 존재한다. 우리는 교회 안에서 이런 종류의 관계들을 중요하게 여긴다. 리퀴드 처치는 이런 관계들과 만남이 교회를 하나로 묶어내는 접착제라고 생각한다. 개인과 그룹 사이의 자연스러운 네트워크가 획일적인 모임과 형식적인 친교를 대체할 것이다.

### 교훈 2: 종교 상품의 상품화는 흐름을 가능하게 한다.

앞서 살펴본 예배 곡의 사례는 소통의 과정이 지역 교회의 예배에 어떻게 활력을 불어넣는지를 잘 보여준다. 새로운 찬양곡들과 그리스도인의 삶에 관한 새로운 생각, 그리고 예배에 관한 신선한 접근들은 사람들에게 교회를 향한 희망을 불러 일으킨다. 우리는 전 세계에서 역동적으로 활동하시는 성령님과 연결 되어 있다고 느끼기에 교회에 대한 우리의 경험은 더 이상 정적이지 않다. 소통의 네트워크와 기술은 예배 공동체와 개인 사이 연결을 가능하게 한다. 한 개인이나 그룹에서 다른 개인이나 그룹으로 전달되는 것은 잘 만들어진 종교적인 상품들이다.

리퀴드 처치는 네트워크를 통하여 유통될 수 있는 상품들을 개발해야 한다. 찬양, 성경 공부, 설교 영상, 교회 행사, 예술 전시회와 같은 것들이다. 상품의 범위는 우리의 상상력과 창의력 그리고 경제적인 상황에 따라 달라질 수 있다.

### 교훈 3: 유연한(liquid) 소통은 교회 리더에 의해 통제되지 않는다.

자연스러운 만남과 관계에 기반한 네트워크는 유기적인 성장을 통해 발전한다. 네트워크는 많은 솔리드 처치가 운영되던 방식으로는 만들어질 수 없다. 리퀴드 처치는 수백만 대의 PC의 컴퓨팅 파워와 개인, 기업, 조직들의 창의성 및 참여에 의존하는 인터넷과 비슷하다. 리퀴드 처치도 개인과 그룹이 서로 소통할 힘을 우선시해야 한다. 이러한 분산된 성장을 통해 교회는 확장되어 갈 것이다.

### 교훈 4: 리퀴드 처치는 경계선이 흐릿하다.

부모와 미취학 자녀 모임처럼 우리는 상호연결의 네트워크가 교회 내부 사람들뿐 아니라 주일 예배와 전혀 관계없는 사람들에게까지 확장되는 것을 알 수 있다. 우리가 네트워크 자체를 교회로 간주할 때, 교회의 내부자와 외부자라는 개념은 사라지게 된다. 대신에 우리는 그리스도인의 사랑과 격려를 통한 소통과 관계의 네트워크를 형성할 것이다. 교회 안팎의 경계는 더욱 엷어지고 모호해지고 있다.

리퀴드 처치는 네트워크의 모호한 특징들을 장점으로 바라본다. 교회 주변의 기독교 신앙과 무관한 이들과도 중요한 관계를 맺을 수 있고 그들이 교회의 다양한 행사와 활동들에 더 자연스럽게 참여할 수 있기 때문이다.

## 리퀴드 네트워크

회중 모임이 솔리드 처치의 핵심이라면 네트워크는 리퀴드 처치의 필수적 요소이다. 서로에게 그리고 그리스도에게 연결되는 것은 모임 자체보다 소통을 강조함으로 가능해진다. 그리스도의 몸을 역동적인 관계의 접촉으로 다시 상상한다(reenvision). 연결은 개인과 그룹이 자신의 영적 은사를 사용하여 유기적이고 역동적인 공동체 안에서 연합된 다른 사람들과 그리스도의 사랑을 나누는 참여로 만들어진다. 이러한 연결의 시작은 상품이나 행사, 활동들을 나누는 것이다. 신앙의 상품화(commodification)는 항상 그리스도에게 진실해야 할 필요성을 염두에 두면서 상황에 맞는 믿음을 표현할 것이다. 이것은 그리스도인들과 액체 근대 사회에서 영성과 의미를 찾는 이들 사이에 더욱 열려있는 연결을 가능하게 할 것이다. 우리가 어떻게 교회가 되고, 소통하고 적절한 영성을 기르는가 하는 것은 선교와 더욱 밀접하게 관련될 것이다. 네트워크의 흐릿한 경계선은 교회가 성장할 지점을 보여줄 것이다.

5장

# 하나님의 유연한 춤

교회는 하나님에 의해 형성되고 만들어진다. 이 신학적 진리는 우리의 삶의 사회학적 조직에 영향을 미쳐야만 한다. 만약 우리가 더욱 유연한 형태의 교회 공동체를 만들려고 한다면 하나님에 관한 이해에 깊이 뿌리내릴 필요가 있다. 3장에서 리퀴드 처치를 위한 기독론을 살펴보았다면, 이번 장에서는 교회의 토대인 하나님에 관한 신학적인 논의로 돌아가고자 한다.

최근 몇 년 동안 신론을 향한 관심이 높아지고 있다. 특히 하나님 백성들의 삶이 하나님의 존재와 친밀하게 연결된다는 깨달음이 주목받고 있다.[1] 삼위일체의 연합(unity) 즉, 성부, 성자, 성령의 관계가 교회의 존재 형식을 규정한다고 볼 수 있다. 만약 리퀴드 처치가 오늘날 현실적인 선택지라면 그것은 현대 문화에 적합해야 할 뿐 아니라 하나님에 관한 우리의 이해에도 충실해야 할 것이다. 이번 장은 오늘날 삼위일체 교리에 관한 논의를 통하여 하나님의 유연한 공동체론을 살필 것이다.

## 삼위일체: 하나님 백성들의 삶의 토대

최근의 삼위일체 교리에 관한 관심은 교회의 예배에서 찾아볼 수 있다.[2] 예배 안에서 우리는 관계적인 삼위일체 하나님을 경험한다. 예배에서 우리는 성령님을 통하여 성부에게 향하는 성자의 역동적인 관계와 연결된다. 부활하신 인간으로서 그리스도는 "하나님의 현존 앞에 공동체를 세울 수 있도록" 교회 안에 머물러 계신다.[3] 동시에 우리는 이러한 예배가 사람들을 교회로 만드시고 그들을 하나님의 임재로 이끄

---

1   존 지지울라스, 『친교로서의 존재』(서울: 삼원서원, 2012), Colin E. Gunton, *The Promise of Trinitarian Theology* (2d ed.: Edinburgh: T&T Clark, 1997); 미로슬라브 볼프, 『삼위일체와 교회』(서울: 새물결플러스, 2012), 제임스 토런스, 『예배, 공동체, 삼위일체 하나님』(서울: IVP, 2022),

2   Gunton, *The Promise of Trinitarian Theology*, 5.

3   위의 책, 6.

시는 성령의 역사를 통해서만 가능하다는 것을 안다. 제임스 토런스(James B. Torrance)는 예배의 연합을 성부와 함께하시는 성자의 연합으로 연결하면서, 니케아 신조에 나오는 구절처럼 그리스도는 성부와 함께하는 하나의 존재였다고 설명한다. 그리스어로 "동일 본질"로 번역되는 니케아 신조의 단어는 호모오우시오스(homoousios)이다.

> "아버지와 함께하는 동일한 본질(호모오우시오스)"이라는 교부들의 고백은 예수 그리스도와 연합하는 것이 곧 하나님과 연합하는 것임을 나타낸다. 성령에 의해 성부와 함께하는 그리스도의 연합으로써 성육신에 참여하는 것은, 하나님과 인간 사이에 은혜로 말미암아 안으로는 삼위일체 하나님을, 밖으로는 우리에게 확장되는 영원한 성자의 교통(communion)에 참여하는 것이다.[4]

하나님께서 그리스도 안에서 인간이 되신 것은 우리가 삼위 하나님과 교제하는 천상의 삶에 참여하도록 하기 위해서이다. 초대 교부인 아타나시우스는 "그가 사람이 되신 것은 우리로 하여금 하나님이 되게 하려 하심이라"라는 다소 논쟁

---

4   Torrance, *Worship, Community and the Triune God of Grace*, 21.

적인 말로 표현하기도 했다.[5] 토런스는 예배에서 은혜의 활동은 크게 두 가지로 이해될 수 있다고 말한다. 첫째는 하나님으로부터 인간에게로 향하는 움직임이다. 이 움직임은 '성부로부터, 성자를 통해, 성령 안에서'의 삼위일체의 형태를 가진다. 둘째는 인간으로부터 하나님에게 향하는 움직임이다. 이것 또한 삼위일체의 형식인데, '성부를 향해, 성자를 통해, 성령 안에서' 이루어진다. 토런스는, 예배에 나타나는 이러한 은혜의 이중적인 움직임은 하나님의 삼위일체적 존재에 뿌리를 두고 있다고 말한다.[6]

신학자들은 예배가 기독교 문화의 중요한 전달자였다는 사실을 조금씩 깨닫기 시작했다. 삼위일체의 관계적 교리는 많은 교회 전통과 예전으로 보존되어 왔으며, 심지어 공공신학으로 인해 크게 폐기되었을 때도 그 흔적이 남아있었다. 예배의 신학에 대해 성찰함으로써 그 강조점의 변화가 일어나기 시작했다. 첫째는 하나님 이해에 대한 접근 방식의 변화이다. 왜냐하면 토런스가 말하듯이, 하나님은 예배 안에서 그

---

5 Athanasius Incarnation of the Word 54.3, Athanasius: *Selected Works and Letters*, ed. Archibald Robertson, in *Nicene and Post-Nicene Fathers*, second series, vol. 4, ed. Philip Schaff and HenryWace (Peabody, Mass.: Hendrickson, 1995).

6 Torrance, *Worship, Community and the Triune God of Grace*, 21.

자신을 우리에게 향하시기 때문이다.[7] 둘째는 삼위일체 교리가 윤리, 교회 그리고 선교에 관한 새로운 이해의 근원이 된다. 콜린 건턴(Colin E. Gunton)은 하나님에 관한 우리의 이해가 교회의 예배보다 훨씬 더 많은 영향을 미쳐야 한다고 생각했다. 그는 예배에서 밝히 드러난 부분이 삶의 다른 영역의 본보기가 되어야 한다고 주장한다.[8] 데이비드 커닝햄(David Cunningham)은 하나님의 '일체성'(oneness)과 '삼위성'(threeness)이 창조 안에 반영되어 있으며 인간에 관한 우리의 이해에 영향을 미친다고 주장했다. 제자도는 하나님께서 우리를 거룩한 삶 안으로 인도하셔서 우리가 창조된 운명을 성취하도록 허락하시는 것이다.[9] 존 지지울라스(John Zizioulas)는 하나님에 관한 우리의 모든 대화는 참여 또는 상호 거주의 개념으로 우리를 인도한다고 주장한다. 즉 서로 '교제'하시는 하나님을 말하기 전에는 '한 분이신 하나님'을 생각할 수 없으며 이것이 성 삼위일체이다.[10]

즉. 우리가 하나님을 말할 때는 한 분이신, 성부, 성자, 성령의 교제 안에 계신 하나님을 말하는 것이다. 하나님의 교제가

---

7 위의 책.
8 Gunton, *The Promise of Trinitarian Theology*, 6.
9 Cunningham, *These Three Are One*, 8.
10 Zizioulas, *Being as Communion*, 17.

그분의 하나 됨의 핵심이다. 우리는 각각 서로 관계 맺는 셋으로 분리된 실체를 생각하지 않는다. 오히려 그분들의 관계는 하나님의 존재 일부이다.[11] 우리가 그리스도의 몸 안에서 그리스도인들과 서로 교제할 때 비슷한 개념이 작동된다. 지지울라스에 따르면, 성령의 흐름은 "관계에 대한 우리의 경험을 열어주고" 그리스도와 친교를 맺게 한다.[12] 그리스도와 하나 되는 것은 그분의 친교 안에 거하는 것이다. 우리가 살펴보았듯이, 커닝햄은 이것을 하나님의 생명으로 이끌리는 것으로 묘사했고, 건턴은 성부의 현존 앞으로 인도되는 것이라 불렀다.[13] 하나님의 생명 안에 그리스도인이 머무는 것이 교회론의 출발점이다. 만약 리퀴드 처치가 신학적으로 가능하려면, 우리는 하나님의 생명에 관한 성찰 안에서 그것을 발견할 수 있어야 한다. 어떻게 삼위일체가 유연할 수 있을까?

## 하나님의 액체성

오늘날 삼위일체 교리에 대한 논쟁은 관계를 조직적 은유로 보는 개념으로 회귀하는 것이 특징인데, 커닝햄이 관찰

---

11  위의 책.
12  위의 책, 112.
13  Cunningham, *These Three Are One*, 8; Gunton, *The Promise of Trinitarian Theology*, 6.

한 이러한 움직임은 본질에 대한 전통적인 강조점에 대한 불만의 반응이다. 하나님이 '단일한 신적 실체'(single divine substance)라는 주장은 하나님의 단일성을 강조하는 경향이 있다. 이 단일한 존재는 일반적으로 세상과 고립된 존재로 여겨진다. 이러한 이미지는 성부, 성자, 성령의 교제에 관한 내적 관계를 표현하는 어떠한 여지도 남겨두지 않는다. 또한 하나님과 피조물 사이의 어떠한 종류의 관계성도 인식하기 어렵게 한다.[14] 삼위일체 신학은 하나님과 세상 사이 그리고 하나님 안에서의 관계에 대한 보다 넓은 이해를 추구한다. 로버트 젠슨(Robert Jenson)은 이렇게 말한다.

삼위일체 교리와 분석의 요점은, 하나님과 우리의 관계가 삼위일체 안에 있으며, 이러한 통찰을 위해 '관계' 개념이 신격의 구별을 정의하기 위해 도입되었다. 만약 하나님이 하나의 본체(substance)라면, 이것은 다른 본체들과 내적 관계를 맺는 본체이다.[15]

성부, 성자, 성령의 관계성에 대한 강조는 하나님에 관한 더

---

14  Cunningham, *These Three Are One*, 25.
15  Robert W. Jenson, 다음에서 인용· Cunningham, *These Three Are One*, 26.

욱 역동적인 이해를 만들어낸다. 많은 신학자들이 하나님의 존재와 복음의 이야기 사이의 관계에 관한 새로운 이해를 표현해왔다. 위르겐 몰트만(Jürgen Moltmann)은 삼위일체 신학을 더 이상 추측에 근거한 모험으로 간주할 필요가 없다고 제안한다. 그는 『십자가에 달리신 하나님』에서 삼위일체 순간으로서 십자가의 비전을 제시한다.[16] 예수의 죽음은 성자뿐 아니라 성부와 성령의 상실과 고통을 포함한다. 그는 삼위일체가 "그리스도의 수난 이야기의 단막극"에서 나타나야 한다고 제안한다.[17]

최근에 폴 피데스(Paul Fiddes)의 작업에서도 비슷한 관계 개념의 강조가 나타난다. 피데스는 삼위일체 신학을 "관계성의 세 가지 운동"의 개념에 기초하여 연구했다. 그 운동들은 성부, 성자, 성령을 나타낸다.[18] 어거스틴에 이어 피데스는 삼위일체의 "신격"들은 현대적 의미에서 개체 또는 개인으로 간주될 수 없으며, 개별적 주체보다 관계성에 더욱 집중해야 한다고 제안한다. (현대의 개인주의적인 관점에서) 각각의 관계의 목표가 개인에게 있다고 생각하는 것은 잘못되었다. 하나님은 세 분이 아니라 한 분이시기에 그러한 생각은 불가능하

---

16  Jürgen Moltmann, *The Crucified God* (London: SCM Press, 1974).
17  Moltmann, 다음에서 인용 Cunningham, *These Three Are One*, 30.
18  Fiddes, *Participating in God*, 36.

다. 피데스는 신격은 그 자체로 관계이며 동시에 하나의 사건에 참여하는 관계 안에 있다고 설명하면서 이 문제를 풀어간다. 이러한 사상은 삼위일체 하나님을 성부, 성자, 성령 사이의 관계로 이해한 동방 교회의 카파도키아 교부들에게서도 비슷하게 발견된다. 그들은 오랫동안 성부, 성자, 성령의 계속되는 관계이신 삼위일체 하나님을 주장했다. 이들 관계는 '아버지 되기' 또는 '성부', '아들 되기' 또는 '성자', '호흡하기' 또는 '성령'으로 표현된다.[19] 피데스는 이러한 세 가지의 움직임을 명확하게 시각화하는 것은 불가능하다고 주장한다. 하나님은 세상의 다른 대상들처럼 객관화하기 어렵기에 오히려 (관계 중심적 서술은) 장점이 된다. 오히려 하나님을 관계로 이해한다면 "존재"의 신학과 앎의 방식(인식론)을 결합할 수 있다.[20]

> 하나님의 존재는 사건과 관계로 이해되지만, 이는 참여의 인식론을 통해서만 가능하다. 각각은 서로의 맥락 속에서만 의미가 있다. 우리는 마음의 눈으로 관계적 존재를 관찰할 수 없다. 그것은 오직 참여의 방식을 통해서만 알 수 있다.[21]

---

19  위의 책, 34.
20  위의 책, 38.
21  위의 책.

피데스에게 참여는 하나님의 관계적 본성을 이해하는 열쇠이다. 또한 참여는 성부, 성자, 성령 안의 상호적 관계성을 묘사한다. 그리고 신자와 하나님 사이의 교제를 가능하게 한다. 피데스는 이러한 관계를 페리코레시스(상호 내주, *perichoresis*)라고 불렀다.

## 페리코레시스 - 하나님의 춤

페리코레시스, 즉 상호 내주(mutual indwelling)와 참여는 초기 교부들이 삼위일체의 관계를 이야기할 때 주로 사용한 헬라어이다. 이 단어가 춤과 안무를 뜻하는 코레이아(choreia)와 관련되지는 않지만, 피데스는 두 단어의 유사성 때문에 언어유희가 가능하다고 말한다. 페리코레시스는 단순히 춤추는 이들이 서로 얽히고설켜서 움직이는 것이 아니라 신성한 움직임이다. 여기에서 우리는 삼위일체의 신격들이 모든 다른 것을 뛰어넘는 춤으로 서로를 통해 움직이며 친밀하게 관계 맺는 것을 보게 된다.[22]

신성한 춤의 이미지는 춤추는 이들에 관한 것이 아니라 춤 자체의 황홀한 움직임의 상호 엮임의 형식에 관한 것이다. 우리

---

22  위의 책, 72.

가 페리코레시스 안에서 신격의 각자 역할을 말할 때, 성자는 성부 안에 "거하고", 성부가 성자를 "담고", 성령이 아버지를 "채울 때", 우리는 하나님 안에 있는 신격의 사랑의 흐름 속으로 들어갈 수 있다.[23]

하나님의 춤은 흐름의 신적 성품을 보여준다. 성령의 역사를 통하여 성도는 이 신성한 삶에 참여하도록 허락을 받는다. 피데스는 이것을 "파트너를 차례대로 바꾸는 춤"(progressive dance)에 비유했다. 참가자들이 원래의 원을 벗어나 다른 사람들을 자신의 움직임 패턴에 참여하도록 초대하는 춤을 의미한다. 또한 춤추는 이들은 거룩한 이야기와 함께한다. 성부, 성자, 성령의 신성한 춤은 우리를 그들의 활력이 넘치고 생명력이 가득 찬 동작으로 끌어 들인다. 이를 통해 우리는 예배와 선교 안에서 하나님의 친밀한 생명에 참여한다.[24]

## 삼위일체와 공동체

삼위일체 교리는 신성한 움직임 안에서 한 분이며 셋인 하나님을 가리킨다. 관계적인 춤의 흐름은 어떠한 제한을 두지

---

23  위의 책.
24  위의 책, 75.

않으며 우리 모두를 그 흐름 안으로 끌어들인다. 이것은 단지 개인을 위한 비전이 아니라 교회의 공동체적 생명을 위한 것이다. 토런스(Torrance)는 페리코레시스를 삼위일체 하나님과 우리 사이의 성령을 통한 이중 관계성으로 묘사한다. 상호 내주는 그리스도 안에서 우리에게 가져다주신 인간과 하나님 사이의 관계이다. 동시에 이것은 그리스도와 교회의 관계이다. 우리가 친밀한 교제의 삶에서 성령으로 성부와 성자의 친교에 참여할 수 있다.[25] 건턴은 "함께 신성함을 구성하는 세 위격 사이의 역동적인 관계"의 가시적인 "메아리"라고 교회를 설명한다. 이런 면에서 교회는 유한한 차원에서 영원한 하나님의 실재가 되도록 부름 받았다. 따라서 교회는 "만물의 존재 근원, 삼위일체 세 위격의 영원한 에너지가 상호 내주하는 하나님"께 근거해야 한다.[26]

하나님의 생명을 전파하기 위해서 교회는 자기 중심성에서 벗어나 건턴이 말하는 "세상을 창조하시고 재창조하시는" 하나님을 향하여 나아가야 한다.[27] 창조와 재창조의 행위는 복음의 선포와 성만찬의 축복 안에서 발견될 수 있으며, 이 모든 것은 교회가 시대를 초월한 기관으로 존재하지 않음을 뜻한

---

25  Torrance, *Worship, Community and the Triune God of Grace*, 20.
26  Gunton, *The Promise of Trinitarian Theology*, 81.
27  위의 책.

다. 오히려 교회는 성령이 사람들을 그리스도와 연결하고 그들을 하나의 공동체로 연결해 주는 곳에선만 존재한다고 건턴은 말한다.[28]

커닝햄은 현대 사회에서 공동체의 원천이 되는 하나님의 존재에 대해서도 비슷한 관점을 가지고 있다. 그는 삼위일체 교리는 오늘날의 개인주의에 도전하며 "개인을 숭배하는 현대 제의적 상황에서 삼위일체 교리는 상호성과 참여의 복잡한 연결망을 생각하도록 우리를 가르친다"[29]고 말한다.

## 유연한 삼위일체

신학적으로 교회의 본질은 신적 존재와 연결되어 있다. 만약 하나님을 성부, 성자, 성령 사이의 관계적 흐름으로 이해한다면, 우리는 더욱 유연한 형식의 교회론을 발견하게 될 것이다. 선교와 예배를 삼위일체의 유연한 춤으로 보는 관점은 신학계에서 그 인기와 중요성이 높아지고 있다. 이런 생각은 하나님의 친밀한 교제에 성도들이 참여할 수 있도록 허락한다는 점에서 힘을 실어주며 영감을 제공한다. 또한 예배와 선교는 친밀함을 기반으로 하는 신비 신학과 연결된다. 이러한 아

---

28 위의 책, 82.
29 Cunningham, *These Three Are One*, 8.

이디어를 통해 교회를 관계와 소통의 네트워크로 보는 것은 강력한 상징적 의미를 가지게 된다. 정적인 교회 회중 모임은 역동적이고, 포괄적이며 친밀한 소통의 유연한(Fluid) 춤으로 대체된다. 이런 의미에서 리퀴드 처치는 하나님의 생명만을 반영하는 것이 아니라 하나님의 생명과 결합하고 그 생명 안에 살게 된다. 이것이 액체(liquid) 하나님과 리퀴드(liquid) 처치이다.

# 6장

# 리퀴드 처치 세우기

네트워크 기반의 리퀴드 처치는 의도적으로 계획될 수 없다. 스스로 자라나야 한다. 하나님을 찾는 사람들은 그들의 필요를 채워주는 네트워크와 연결되고 싶어 할 것이다. 이런 측면에서 리퀴드 처치는 소비문화의 특징을 갖추고 있다. 리퀴드 처치는 사람들이 욕망하는 방식으로 하나님의 경험과 충만함을 제공하려고 노력한다. 그렇다고 메시지의 수준을 낮추거나 최신 유행의 흥행을 뒤쫓지는 않는다. 사실, 리퀴드 처치는 엄격한 정통성과 헌신적인 신학에 전념할 것이다. 다음의 네 장에서는 리퀴드 처치가 어떻게 신학의 틀에 깊이 뿌리 내리면서 소비문화에 적응할 수 있는지 살필 것이다. 모든 논의의 출발점은 종교 사회학적 입장에서 액체 근대성의 대두로 신념과 신앙이 상당한 변화를 겪고 있다는 사실을 깨닫는 것이다. 영국 코미디언인 스티븐 프라이(Stephen Fry)는 영국 문화의 변화를 슬퍼하면서 체스터턴(G. K. Chesterton)의 말을 다음과 같이 인용했다. "문제는 사람들이 신을 믿지 않게 되면, 무엇이든지 믿기 시작한다는 것이다."[1]

현대 사회에서 종교의 지형은 변화되고 있다. 대다수 서구 국가들에서 교회는 상당한 쇠퇴를 경험하는 중이다. 동시에 신념과 신앙이 계속해서 증가하는 현상도 나타난다.[2] 로버트 워드나우(Robert Wuthnow)는 이러한 분위기의 변화를 "나는 종교적이지 않지만 영적이다"(I am spiritual, but I am not religious)라는 유명한 말로 표현했다.[3] 이 말은 사람들이 종교적인 혹은 영적인 경험을 할 수 있지만, 그들이 꼭 정기적으로 교회에 출석하는 신자가 되는 것을 의미하지 않는다는 뜻이다. 이런 의미에서 영성은 상당히 열망적인(aspirational) 단

---

1  Stephen Fry, 다음에서 인용. G. K. Chesterton, on the BBC television show *Room* 101.

2  다음을 보라. Grace Davie, *Religion in Britain Since 1945: Believing Without Belonging*, Making Contemporary Britain (Oxford: Blackwell, 1994); David Lyon, *Jesus in Disneyland: Religion in Postmodern Times* (Cambridge, UK; Malden, Mass.: Polity Press, 2000).

3  Robert Wuthnow, *Loose Connections: Joining Together in America's Fragmented Communities* (Cambridge, Mass. Harvard University Press, 1998), 2.

어이다. 여기에는 광범위한 신념과 관행이 포함되는데, 어떤 면에서 기독교적이지만 다른 면에서는 꼭 그렇지도 않다. 대다수 사람은 피난처로서든 혹은 사교 모임으로서든 솔리드 처치를 거부하고 프라이가 지적한 것처럼 아무것이나 믿기 시작했다. 리퀴드 처치는 단순히 현대 영성 변화와 연결되는 방법일 뿐만 아니라, 지난 50년 동안 종교적 삶을 특징지어온 많은 변화의 논리적 확장이기도 하다. 솔리드 처치는 현대에 적응하려고 노력하면서 현대적 미디어와 소통 방식을 사용하여 신앙을 포장하고 종교 시장에 적절한 상품을 제공하는 방법을 채택했다. 하지만 리퀴드 처치는 사회변화 중 일부를 수용하고 보다 유동적인 시장을 고려하여 스스로를 발전시켰다.

## 소속감 없는 신앙

리퀴드 처치는 영국의 사회학자 그레이스 데이비(Grace Davie)가 "소속감 없는 신앙"(believing without belonging)으로 표현한 서구 종교 생활의 변화를 출발점으로 삼는다.[4] 1945년 이후 영국 사회의 종교변화를 연구하면서 그녀는 신자들이 교회에 출석하기보다 점점 멀어지려 하는 종교적 특

---

4  Davie, *Religion in Britain Since*, 1945.

징을 관찰한다. 그렇다고 사람들이 무신론을 택하거나 영성을 포기하면서 믿음으로부터 돌아서려고 하지는 않았다.[5] 미국에서도 비슷한 현상이 등장했는데, 워드나우는 이것을 '머무는' 영성에서 '추구하는' 영성으로의 전환이라고 주장한다.[6] 머무름의 영성은 가정 공동체와 같이 정착된 자연스러운 장소를 찾는다. 반대로 추구의 영성은 변화와 불확실한 시대에 더욱 적합하다고 말한다. 그런 이유 중 하나는 지난 40여년 동안 사람들의 경험이 상당히 변화했기 때문이다. 상대적으로 변하지 않는 안전한 환경에서 끊임없이 변화되는 환경으로 전환되었다. 그 결과 사람들의 삶에서 과거의 안정성을 찾아보기 어렵다.

한때 사람들은 그들의 지역사회의 주민이었다. 하지만 지금은 통근자들이다. 안정된 거주의 이미지는 이주 노동자, 망명자, 난민, 떠돌이, 세상에서 길을 잃은 사람, 여행하는 세일즈맨, 외로운 인터넷 서퍼, 군중 속의 고독한 얼굴, 소외된 자, 집을 소유하지 못한 노숙자처럼 점점 집을 떠난 사람들의 이미지로 대체되고 있다.[7]

---

5  위의 책, 2.
6  Wuthnow, *Loose Connections*, 6.
7  위의 책, 7.

워드나우는 현대 사회의 고용 및 사회 환경의 변화와 유사한 영적인 변화를 관찰한다. 과거에는 사람들이 종교 단체에 가입함으로써 자신의 신앙을 표현했다면, 오늘날은 연결됨을 통하여 자신의 신앙을 표현한다. 성도들이 교회의 다양한 조직과 훈련, 그리고 실천을 따르지만 정작 소속감을 느끼지 못할 수 있다. 이러한 뿌리 없는 존재감은 고용 현장에서도 비슷하게 나타난다. 과거에 일자리는 붉은 벽돌로 된 오프라인 공장에서 기계와 함께 이뤄졌지만, 오늘날은 정보 통신 기술을 활용하여 대부분 업무를 진행한다. 신앙생활도 비슷한데, 교회 현장과 예배당에서 이루어지다가, 최근에는 "정보 흐름"의 장소인 온라인 공간에서 이루어지고 있다. 구도자들은 자신의 영성을 위해 (온라인 공간에서) 다양한 치유자, 영성가, 영적 지도자들과 연결된 가르침과 신념을 따른다.[8] 이제 우리는 새로운 종교 환경에서 다양한 신념과 실천을 판매하는 새로운 영성 시장을 갖게 되었다. 이러한 환경과 역학을 이해하기 위해서 우리는 소비문화를 좀 더 자세히 살펴볼 필요가 있다.

## 리퀴드 처치의 쇼핑

쇼핑은 현대적 삶을 가장 잘 보여주는 행위이다. 지그문트

---

8  위의 책.

바우만은 "사람들은 끊임없이 가격을 비교하고, 진열대를 따라 시선을 움직이며, 상품을 만지고, 신용카드의 잔액을 확인한다"고 말한다. "우리가 무엇을 하든, 우리의 활동에 어떤 이름을 붙이든 그것은 쇼핑의 일종이며, 쇼핑과 유사한 형태의 활동이다. 우리의 생활 방침을 규정하는 기준은 쇼핑의 실용성에서 파생된 것이다."[9]

쇼핑 문화는 선택할 수 있는 상품의 수에서 비롯된다. 선택의 숫자가 많아질수록 상품을 판매하는 사람뿐 아니라 소비자 사이에서도 경쟁이 펼쳐진다. 인생은 선택의 연속이다. 어떤 선택은 좋을 수도 나쁠 수도 있지만, 우리의 선택이 적절했는지는 타자들에 의해 평가를 받게 된다. 소비사회는 달리기 선수들보다 결승선이 더 빠르게 움직이는 경주와 같다. 우리 모두는 선택이란 바다에 던져졌다. 여기에서 중요한 것은 우리의 능력, 즉 올바르게 선택할 수 있는 능력이다. 계속되는 소비는 우리의 목적이나 완성이 끝에 다다를 수 없는 유동적인 환경이 된다. 우리에게 남은 것은 최종적인 목표 지점 대신 올바른 선택을 해야 한다는 중독적인 행위뿐이다.[10]

신학자와 설교자들이 우리의 소비성향을 이야기할 때, 지금

---

9    Bauman, *Liquid Modernity*, 73.
10   위의 책.

의 현상을 종종 물질주의로만 보려는 경향이 있다. 그들은 영적인 차원보다는 소비의 대상인 물건에 초점을 맞추려 한다. 우리 중 일부는 물건에 집착하지만, 대다수 사람은 소비가 멋진 카페트나 자동차를 얻는 것 이상의 것이라고 주장할 것이다. 새로운 쇼핑환경에서 제품은 오직 절반의 이야기일 뿐이다.

장 보드리야르(Jean Baudrillard)가 말하듯, 소비는 결코 '욕구'의 만족으로 여겨질 수 없다. 물건이 우리에게 주는 의미를 이해하려면, 물건 자체를 넘어서 이 제품이 무엇을 의미하는지를 물어야 한다.[11] 자동차를 예로 들어보자. 자동차가 A에서 B로 가는 수단 이상을 의미한다는 것에 그렇게 많은 상상력이 필요하진 않다. 자동차는 신분의 상징이며 그것은 하나의 상징체계에서 의미를 가진다. 만약 자동차가 우리 사회에서 상징으로 작동하는 방식을 어느 정도 알게 된다면, 우리는 그것을 소비하는 것이 무엇을 의미하는지 더 잘 이해하게 될 것이다. 마이크 페더스톤(Mike Featherstone)은 이러한 관점에 공감한다. 그는 "소비의 감정적 호소, 즉 소비자 문화에서 추앙되는 꿈과 욕망, 신체적인 흥분과 미적 쾌락을 다양하게

---

11  Jean Baudrillard, *Selected Writings*, ed. and with introduction by Mark Poster (Cambridge, UK; Malden, Mass.: Polity Press; Stanford, Calif.: Stanford University Press, 1988), 22.

생성하는 특정한 소비적 공간에 문제를 제기한다."[12] 백화점의 고객으로서 우리의 능력은 어떤 상품과 이벤트를 선택하느냐에 영향을 받는 것이 아니라 소비로 나타나는 희망과 환상, 열망과 즐거움에 따라 달라진다. 쇼핑한다는 것은 우리 자신을 넘어서 무엇인가를 추구하는 행위이다. 이것을 물질주의로 축소시키는 것은, 더 중요한 핵심과 신학적 성찰을 위한 중요한 기회를 놓치는 것이다. "우리 자신을 뛰어넘으려는 추구"는 쇼핑의 일상 활동의 상당한 부분이 영적인 성향임을 나타낸다. 리퀴드 처치는 고객들을 물질주의자로 비난하기보다 쇼핑을 하나의 영적인 행위로 받아들인다.

### 고객의 영성

제임스 트위첼(James B. Twitchell)은 광고와 소비의 가치를 인정하지 않는 문화 평론가들을 비판한다. 그는 우리가 물질주의자라는 것이 문제가 아니라 우리가 충분히 물질주의적이지 않다는 것이 문제라고 주장한다.[13]

---

12  Mike Featherstone, *Consumer Culture and Postmodernism* (London: Sage, 1991), 13.

13  James B. Twitchell, *Adcult USA* (New York: Columbia University Press, 1996), 10.

우리가 물건을 욕망하고 그것이 무엇을 의미하는지 안다면, 광고를 통해 의미를 더할 필요는 없을 것이다. 우리는 단지 무분별하게 구매하고, 사용하고, 버리거나 사재기할 것이다. 하지만 우리는 그렇지 않다. 첫째 우리는 무엇을 사야 할지 모르고, 둘째 구매한 것을 되팔기를 좋아한다. 셋째 실용성이 거의 없는 물건의 가치를 평가하는 법을 알아야 한다. 분명한 것은 대다수 물건이 그 자체로는 충분한 의미가 없다는 것이다. 사실 우리가 욕망하는 것은 물건이 아니며 그것들의 의미일 수 있다.[14]

트위첼이 보드리야르를 인용하듯 소비는 일차적으로 물질주의적인 행위가 아니며 사실 소비는 "의미"의 교환과 누림을 기반으로 한다. 광고의 역할은 물건에 의미를 부여함으로써 물건의 가치를 더 하는데 있다. 이런 측면에서 '광고가 우리 사회에서 역사적으로 종교를 연상시키는 역할을 수행한다'고 트위첼은 말한다. 과거에 가치는 이 세상을 초월해 계신 하나님과 함께하고 있었다. 하지만 현대 사회에서 가치는 물질적인 상품과 그들의 효용에 의해 재배치되었다.[15] 트위첼

---

14  위의 책, 11.
15  위의 책, 12.

은 광고의 종교적 측면을 설명하기 위해 '애드컬트'(adcult)라는 용어를 사용한다. 광고는 의미를 생성하는 과정이라는 점에서 종교와 유사하다. 종교와 광고는 우리 자신과 사물 사이의 간극을 가로지르는 다리를 놓으며 체계적인 질서를 제공하려 한다.[16]

사물의 의미는 세상과 사회에서 우리의 위치와 관련되어 있다. 내가 입은 옷, 내가 타는 차, 내가 들은 음악은 모두 나의 친구들과 이웃과의 관계와 관련된다. 소비자의 선택은 취향의 발달과도 연결된다. 취향은 다양한 상품들 사이에서 선택을 위한 체계화된 질서를 나타낸다. 피에르 부르디외(Pierre Bourdieu)에 따르면 취향은 그가 '구분 짓기'라고 부르는 사회적 경계선이다. 소비자의 선택은 우리를 어떤 사람들과는 연결시키고, 다른 사람들로부터는 분리시킨다.[17] 그러므로 소비는 세상에서 우리가 누구인지를 찾는 행위이다. 트위첼은 이것을 구원의 약속으로 해석했다. 그는 광고에 의해 만들어진 의미가 (유사) 구원의 체험을 제공한다고 말한다.[18] 트위첼만이 이런 통찰을 가지는 것이 아니라 데이비드 라이언(David

---

16  James B. Twitchell, *Lead Us into Temptation: The Triumph of American Materialism* (New York: Columbia Univer sity Press, 1999), 57.

17  Pierre Bourdieu, *Distinction: A Social Critique of the Judgment of Taste*, trans. Richard Nice (London: Routledge, 1986).

18  Twitchell, *Lead Us into Temptation*, 57.

Lyon) 역시 소비를 구원과 같은 맥락에서 설명한다.[19]

소비주의는 20세기 후반에 기술적으로 진보한 사회에서 사회적 그리고 문화적 삶에서 중심이 되었다. (상품이 제공하는) 의미는 소비사회에서 "구원의 복음"처럼 여겨진다. 그리고 문화의 정체성은 선택적 소비의 과정을 통하여 형성된다.[20]

우리가 쇼핑몰을 방문하거나 광고 잡지를 훑어볼 때 우리가 처음 생각했던 것보다 많은 것들이 작동한다. 교회 지도자들이 소비를 신앙에 대한 도전으로 바라보는 것은 옳지만, 이것을 물질적 세계 안으로만 위치시키는 것은 옳지 않다. 만약 트위첼과 같은 이들의 주장이 옳다면, 애드컬트는 전통적인 기독교 복음을 대체할 수 있는 대안적 의미의 원천이 될 수 있다. 우리는 쇼핑을 하면서 일종의 구원을 추구하기 때문이다.

## 모든 것을 소비하는 교회

솔리드 처치가 종종 소비문화를 비판했지만, 이런 비판이 오늘날 예배자들의 소비적인 영성에 기반한 기독교적 정서

---

19  David Lyon, *Jesus in Disneyland: Religion in Postmodern Times* (Cambridge, UK; Malden, Mass.: Polity Press, 2000), 74.
20  위의 책.

를 만들어내는 것을 막지 못했다. 그리스도인들은 새로운 도시로 이사할 때 그들이 출석할 교회를 찾아 쇼핑한다. 이런 일은 흔히 일어난다. 이런 상황에서 대다수 그리스도인은 일종의 쇼핑 목록(wish list)을 가지고 있다. 좋은 설교, 따뜻한 교제, 재미있는 교회학교 프로그램처럼 말이다. 이런 요소들은 우리가 교회에서 찾는 제품의 목록일 뿐 아니라 영미권 교회에서는 교회 성공의 중요한 요소로 인식된다. 대부분의 활력 있는 교회는 처음 방문하는 사람들에게 매력적으로 보이려고 낯선 이들을 환영하는 다양한 전략들을 동원한다. 예를 들면 새신자 등록서를 준비하고, 목회자의 심방 스케줄을 예약하며, 새로 방문한 이들이 현재 진행되는 교회 사역에서 소외되지 않도록 도와주는 새신자부의 인기가 높아지고 있다. 이런 섬김을 통해 교회에 들어오는 사람들은 대부분은 이미 신자이지만, 이런 활동에 헌신하는 새신자부에 감사를 표한다.

솔리드 처치는 지역에 새로 이사 온 사람들 뿐만 아니라 이미 신자인 사람들을 끌어들여 가장 성공적으로 성장해왔다. 초대형 교회들의 상당수는 같은 지역의 다른 교회에서 옮겨온 이들을 빠르게 흡수하면서 큰 노력 없이 성장했다. 이들의 성장 이유는 분명하다. 그리스도인들이 최고의 프로그램을 제공하는 교회를 쇼핑하기 시작했기 때문이다. 여기에는 여러 가지 이유가 있다. 지금 출석하는 교회의 서비스 수준에 불

만족이 생길 수 있다. 새로운 목회자가 부임하면서 갑자기 교회의 운영 방식이 바뀔 수도 있고, 그동안 제공되던 활동이 더 이상 우리의 취향이 아니게 될 수도 있다. 지금 출석하는 교회의 상품, 예배나 목회자가 약간 구식으로 여겨질 수도 있다. 그러다가 가까운 교회에서 일어나는 새롭고 흥미로운 소식을 듣게 되고 가서 확인하게 된다. 이것이 바로 '기독교의 쇼핑'이며 '쇼핑의 영성'이다. 그리고 이것이 우리의 교회에서 생생하게 일어나고 있고 잘 작동되고 있다.

교회가 영적 시장에서 경쟁한다는 것은 피터 버거(Peter Berger)의 초창기 생각이기도 했다. 버거에 따르면, 현대 사회는 교회가 운영되는 방식에 근본적인 변화를 가져왔다. 신자들을 향한 경쟁은 종교 기관들에게 더욱 치열한 환경을 만들 것이다. 이 새로운 경쟁 구도는 시장에서 효율성을 극대화하기 위해 교회를 인수 합병하는 것도 볼 수 있다는 것을 의미한다.[21] 따라서 에큐메니칼 운동이나 교회 개척 운동은 시장을 공유하거나 서로 경쟁하는 경제의 모델로 해석될 수도 있다. 레지널드 비비(Reginald Bibby)는 캐나다 교회를 "최고급 요리"(a la carte)를 제공하는 것으로 묘사하면서, 종교 공급업

---

21  Peter Berger, 다음에서 재인용, Lyon, *Jesus in Disneyland*, 76.

체들이 상품 생산과 유통에 문제를 겪고 있다고 이야기했다.[22] 오늘날 교회의 문화가 시장경제 안에서 생존을 위한 전략으로 바뀌었음을 의미한다. 이런 의미에서 솔리드 처치는 성공한 마케팅이었다.

## 영적 시장

『하나님을 판매합니다』(Selling God)[23]에서 로렌스 무어(Laurence Moore)는 종교의 세속화에 관한 최근의 논의가 "종교의 상품화"라는 개념으로 보완되어야 한다고 주장한다. 그는 19세기 이후로 미국 교회는 시장을 이용하고 영향력을 행사하는 방법을 찾았기에 성장해왔다고 말한다. 다양한 활동들을 통해 종교는 개인이 구매하는 자기 계발 및 '교양있는' 여가 활동 중 하나가 되었다.[24] 물론 처음에 종교 지도자들은 소비문화를 검열하고 비판하기 위해 종교 시장에 뛰어들었다.

---

22  Reginald Bibby, 다음에서 인용 Lyon, *Jesus in Disneyland*, 1. 다음을 보라. Roger Finke and Rodney Stark, *The Churching of America 1776-1990: Winners and Losers in Our Religious Economy* (New Brunswick, N.J.: Rutgers University Press, 1992). 이 책은 종교 시장 점유율을 위한 에큐메니즘의 중요성에 대한 대안적 관점을 제시한다.

23  R. Laurence Moore, *Selling God: American Religion in the Market Place of Culture* (Oxford: Oxford University Press, 1994).

24  위의 책, 5-7.

그러나 소비시장의 문화에서 종교 지도자들과 윤리학자들의 역할은 서로 연관되어 있지만 구별되기도 한다. 오히려 그들은 냉담한 태도를 유지하는 대신 자신만의 독창적인 공헌을 시장에 내놓았다. 처음에는 책과 같은 독서 시장으로 국한되었지만, 그들의 문화 상품들은 다양해지기 시작한다. 종교 지도자들은 심지어 대중 엔터테인먼트와 경쟁하는 도덕적이고 개혁적인 목표를 가진 비영리 단체를 후원했다. 이렇게 종교는 점점 상품의 형태를 갖추게 되었다.[25]

종교는 오락과 엔터테인먼트의 시장에서 경쟁하면서 하나의 상품으로 탈바꿈해야 했다. 무어의 주장에 따르면 오늘날 미국의 종교와 현대 소비사회 사이에는 상당한 연결고리가 있다. 시장과 교회 사이의 이러한 연관성은 문화 역사학자(cultural historians)들에 의해서 지지를 받고 있다.[26] 이런 입장

---

25  위의 책, 6.
26  다음을 보라. Nathan O. Hatch, *The Democratization of American Christianity* (New Haven, Conn: Yale University Press, 1989); Jon Butler, *Awash In a Sea of Faith: Christianizing the American People* (Cambridge, Mass.: Harvard University Press, 1990); Leonard I. Sweet, ed., *Communication and Change in American Religious History* (Grand Rapids, Mich.: Eerdmans, 1993); Finke and Stark, *The Churching of America 1776-1990*; and Harry S. Stout, *The Divine Dramatist: George Whitefield and the Rise of Modern Evangelicalism* (Grand Rapids, Mich.: Eerdmans, 1991).

에서 소비사회에 대한 종교의 비판은 예언자적 또는 영적인 도전이라기보다 오히려 경쟁자의 전술로 비쳐질 수 있다.

우리가 이런 관점을 받아들인다면, 대략 18세기부터 종교들이 사람들의 시간과 관심(그리고 돈)을 끌기 위해 레저 산업과 경쟁해 왔다는 것을 알 수 있다. 그 결과 교회는 시장과의 경쟁을 위해, 신앙을 상품 또는 매력적인 것으로 재구성했다. 만약 이런 주장이 사실이라면, 교회를 선택하는 종교적인 쇼핑은 완벽하게 이해가 되며, 영적 소비자들은 대다수 교회가 생산해 낸 것이 된다. 가장 대표적인 사례는 영국과 전 세계에서 성공적으로 시행된 알파 코스(Alpha course)이다. 알파는 현대의 광고와 커뮤니케이션 기법을 활용하여 지역 교회에서 쉽게 사용할 수 있는 전도(evangelism) 코스를 개발했다. 알파의 성공은 삶의 의미를 찾는 사람들에게 편안한 환경에서 더욱 많은 것을 들을 기회를 제공한 것이다. 스테판 헌트(Stephan Hunt)는 알파의 프랜차이즈 로고와 광고를 "그냥 편하게 보는 전통"(just looking tradition)과 연결했다. 그는 알파가 개인의 지적 추구와 성장을 원하는 사람들에게 호소한다고 주장한다.[27] 전도에 대한 유사한 접근 방식이 윌로우크릭

---

27  Stephan Hunt, *Anyone for Alpha? Evangelism in a Post-Christian Era* (London: Darton, Longman & Todd, 2001), xi.

교회와 같은 교회의 영향력 확산에서 보여진다.

알파 코스와 마찬가지로 윌로우크릭 교회는 현대 문화와 연결되는 방식으로 기독교 신앙을 제공해왔다. 교회는 "구도자"(seekers) 개념과 함께 현대적 영성을 고려한 교회 생활과 커뮤니케이션 방식을 개발해왔다. 그 결과 예배와 설교에서 종교적 언어는 교회 밖에 있는 사람들의 문화적인 상황과 필요를 중심으로 재구성되었다. 윌로우크릭 교회는 구도자에게 민감하게 반응하면서 "구도자 예배"라는 자신만의 스타일을 개발해왔다.[28] 종교 시장에서 이 교회는 고객들이 원하는 것을 제공하고자 노력해왔다. 교회는 더 많은 종교 대중(public)들에게 접근하기 위해 스스로를 변화시켰다.

무어와 같은 이들의 연구가 중요한 이유는 현대 종교 생활의 변화에 주목하기 때문이다. 그들의 분석을 통해 시장의 생산과 소비 패턴의 흐름이 어떻게 기독교 교회를 형성시켰는지 알게 된다. 나는 이러한 발견이 추상적이거나 신학적인 문제이기에 거부하기보다는, 전도를 위해서는 반드시 상품화가 필수적이라고 생각한다. 예전에 유행했던 것으로, 상당수 교회와 청소년 사역 단체를 휩쓸었던 '예수님이라면 어떻게 하

---

28  P. Simmonds, *Reaching the Unchurched: Some Lessons from Willow Creek* (Bramcott: Grove Books, 1992), 14.

실까'(What Would Jesus Do?)가 좋은 사례이다. WWJD는 몇 몇 사람들에게 상당한 부를 안겨준 과장된 기독교의 마케팅 이었다. 하지만 동시에 빠르게 변화하고, 상징적이며, 패션에 민감한 사춘기 청소년들에게 기독교 신앙을 상품화한 몇 안 되는 아이템이었다. WWJD 팔찌는 운동장과 교실에서 하나 의 패션 문구가 되었다. 복음주의자들, 기독교 워십팀 또는 기독교의 하위문화 중 다른 어떤 것도 하지 못한 방식으로 유행 했다. 그 이유는 많은 10대 청소년의 정체성이 제품의 구매와 광고에 연결되어 있기 때문이다. 이러한 상품들은 더 넓은 의 미에서 상징의 역할을 한다. WWJD는 무미건조한 세상에서 그리스도를 성육신하는 데 성공했고, 상품화가 그렇게 만들 었다.

## 리퀴드 처치: 종교 시장의 다음 단계

지금까지 살펴본 바에 따르면, 솔리드 처치에서도 새로운 소비문화를 염두에 둔 상당한 변화들이 있었음을 알 수 있다. 이러한 변화들이 중요한 이유는 솔리드 처치들이 새로운 상 황에 적응할 방법을 찾았다는 신호이기 때문이다. 클럽이나 피난처를 찾는 이들에게는 여전히 가장 전문적인 방식으로 마케팅할 수 있는 서비스가 필요하다.

교회의 변화가 계속될수록 새로운 생각이 필요하지 않다고 주장하는 것은 잘못된 것일 수 있다. 왜냐하면 우리가 살펴보았듯이, 많은 사람이 경직된 종교 생활이 아닌 자연스러운 그리고 유연한 영성을 선호하기 때문이다. 솔리드 처치의 가장 큰 문제는 한두 종류의 영적 소비자에게 적절한 획일적인 환경에 집중한다는 것이다. 회중을 행복하게 하고, 클럽 회원을 활기차게 만들고, 피난처를 찾는 이들을 안전하게 지켜야 한다는 솔리드 처치의 관심은 유동적인 환경에서 적용될 수 없음을 의미한다. 우리에게 필요한 것은 사람들의 변화에 응답할 수 있는 더욱 유연한(flexible) 교회이다. 리퀴드 처치의 과제는 어떻게 신학적인 중심을 잃지 않으면서 그것을 수행할 수 있느냐에 있다.

# 7장

# 흐름 규정하기 1
: 하나님의 말씀

만약 리퀴드 처치가 성도들을 소비자로 간주한다면, 그것은 고객이 원하는 무엇이든 다 수용할 수 있음을 의미하는 것일까? 그런 시장과 같은 교회는 복음과 하나님을 하나의 상품으로 판매해야 할까? 이 질문들은 매우 중요할 뿐 아니라 진지하게 대답할 필요가 있다. 솔리드 처치는 여러 단점에도 불구하고 비교적 예측 가능한 환경을 유지해왔다. 하지만 우리가 리퀴드 처치처럼 우리의 안전성을 포기하고 변화를 따랐을 때 물속으로 침몰하지 않을 것이라는 보장이 있을까?

　가장 먼저 말해야 할 것은 거기에는 어떠한 보장도 없다는 것이다. 만약 우리가 새롭고 유동적인 환경에서 교회의 길을 찾는다면, 무엇을 지침으로 삼아야 할지에 대한 몇 가지 기본적인 결정을 해야 한다. 교회의 신학과 가치들은 손쉽게 주어지지 않는다. 리퀴드 처치가 교회가 되기 위해서는 그리스도와 복음에 더 깊이 헌신 되어야 한다. 우리가 새로운 교회에서 기대하는 바에 대한 완벽한 청사진을 가지고 있는 것은 아니다. 또한 유동적인 환경에서 그리스도의 메시지를 어떻게 어떤 용어로 표현해야 할지도 아직 구체적이지 않다. 이것이 의미하는 바는 우리가 신학적인 우선순위와 한계를 분명히 이해해야 한다는 것이다. 이런 예를 가장 잘 보여주는 것이 스포츠이다.

테니스 코트는 여러 가지 선들로 이루어져 있으며 가운데에 네트가 놓여 있다. 테니스 경기를 하려면 공정하게 규칙들을 따라야 한다. 테니스 코트 선 안에 공이 바닥에 닿아 튀어야 하고, 각 선수가 한 번의 스트로크로 공을 쳐야 하며, 공은 네트의 양쪽 바닥을 각 한 번씩만 닿을 수 있는 등의 규칙이 있다. 테니스공, 라켓 두 개, 네트가 준비된 코트만 있다면, 얼마든지 다양한 게임이 가능하다. 물론 속임수를 쓰거나 당신이 원하는 규칙으로 바꿀 수도 있다. 선수들이 동의한다면 공이 두 번 튈 수도 있고, 서브할 때 공이 코트의 어느 곳에나 닿게 할 수도 있다. 이 모든 것이 가능하고 즐거울 수도 있지만, 규칙을 바꾼다면 당신은 테니스가 아닌 다른 스포츠를 하게 되는 것이다. 그렇다고 테니스 규칙 안에서 선수들이 자신을 표현할 수 없거나 즉흥적으로 무언가를 할 수 없다는 것을 의미하지는 않는다. 안드레 애거시(Andre Agassi), 피트 샘프라스(Pete Sampras), 또는 팀 헨만(Tim Henman)의 경기를 비교해보면, 동일한 규칙 안에서 다양한 게임과 스타일의 접근이 가능할 뿐 아니라, 게임을 훌륭하게 만들어 주는 것이 곧 규칙임을 알 수 있다. 이 부분은 그리스도인의 교회도 마찬가지이다.

교회 생활의 새로운 형태를 받아들이기 전에 우리는 경기의 한계를 나타내는 몇 가지 표지(markers)들을 설정해야 한다. 표지들은 우리의 경기를 제한하도록 그렇게 정했기 때문에 정말 중요하다. 경기와 기본 규칙을 정하는 것과 관련하여, 나는 교회론의 역사적 전통과 신학적 논의들을 주목해왔다. 논의는 크게 두 부분으로 나뉜다. 이번 장에서 우리는 하나님의 말씀에 관한 교리를 통해 리퀴드 처치의 한계들을 다룰 것이다. 그리고 9장에서 다시 은혜의 신학과 성령의 사역과 관련된 한계들을 언급할 것이다.

### 참된 교회의 표지들

종교개혁 시기의 가톨릭교회에 대한 오랜 확신들이 뒤집히고 있었다. 만약 그 새로운 교회가 연합된 역사적 교회의 몸으로부터 분리된 것이라면, 종교개혁자들은 어떻게 자신들이 진정한 교회라고 믿고 자기 자신과 추종자들을 확신시켰을까? 해답은 복음을 전할 때 교회의 "진리"를 재배치한 것이었다. 복음이 진정으로 전파되었다면 그곳에는 진실한 교회가 존재한다.

1552년 영국 교회의 종교 개혁가들은 '39개 신조'(The Articles of Religion)를 출간했다. 총 39개 조항으로 구성된 이 문서에는 새로운 성공회의 기초를 세우기 위한 교리, 교회론 그리고 윤리적 역할이 포함되어 있다. 제 19조는 "교회에 관하여"라고 쓰여있는데, 교회의 정의를 명시한다. 『공동 기도서』안에 쓰여있는 내용은 다음과 같다.

가시적인 그리스도의 교회는 신실한 사람들의 모임이며, 그 안에서 순전한 하나님의 말씀을 선포하고, 그리스도의 가르침에 따라 집행되는 성사는 필수적이다.

그 당시에는 배타적인 남성의 언어가 주로 쓰였지만, 메시지는 분명했다. 교회는 건물이나 장소 또는 목회자들의 조직이 아니다. 교회는 사람들의 모임이다. 회중(congregation)이란 단어는 그리스도에게 충실한 사람들과 지역의 모임을 가리킨다. 우리의 관점에서 중요한 것은 (어떤 유형이든) 참된 교회를 만드는 것은 사회적 조직이 아니라 하나님의 말씀이라는 사실이다. 그러므로 교회는 하나님의 말씀과 성례의 집전에 중점을 두어야 한다. 이런 부분에서 영국의 종교개혁자들은 장 칼뱅(John Calvin)의 사역과 제네바의 종교개혁으로부터 영향을 받았다.

칼뱅은 『기독교 강요』에서 교회의 표지로 간주되는 것을 설명한다. 그의 용어는 성공회 공동 기도서와 유사하다. 칼뱅에게 가시적 교회는 참된 신자와 그렇지 않은 신자로 구성된다. 참된 신자들은 일종의 보이지 않는 교회로 볼 수 있다.[1] 이러한 교회에 대한 모호한 가정은 칼뱅의 사상에서 전체 회중 또는 보편(catholic) 교회와 같은 전체 교회로 확장되며 그것은 어떤 식으로든 오류를 범할 수 있다.[2] 교회의 표지는 우리로 하여금 무엇이 참된 교회이고 아닌지 판단할 수 있게 한다.[3]

이것으로부터 교회의 얼굴이 나타나 우리 눈에 보이게 된다. 하나님의 말씀이 순수하게 전파되고 들리는 곳, 그리스도의 규례에 따라 성례를 베푸는 곳은 의심할 것 없이 하나님의 교

---

1  John Calvin, *Institutes of the Christian Religion*, ed. John T. McNeill, trans. Ford Lewis Battles, 2 vols., The Library of Christian Classics 20 and 21 (Philadelphia: Westminster, 1960), 2:1021-22, 4.1.7.
2  위의 책, 2:1023-25, 4.1.9-10.
3  위의 책, 2:1023-24, 4.1.9.

회로 존재한다. "두세 사람이 나의 이름으로 모인 곳마다 내가 그들 가운데 있느니라"라는 주님의 말씀은 폐기되지 않는다.[4]

## 말씀과 성례의 흐름

교회론에 관한 보다 유연한 개념을 발전시킬 때 주의할 것은 우리만의 상상의 세계로 들어가지 않는 것이다. 지금의 전통적인 제도와 형태도 교회 개혁과 갱신의 시기에 만들어진 것들이다. 그것들은 우리의 창의성과 혁신을 위한 유용한 규칙을 제공해주는 중요한 안전장치들이다.

리퀴드 처치는 진화하고 변화하는 네트워크를 기반으로 한다. 네트워크를 통하여 소통의 흐름이 형성될 것이다. 그렇다고 참된 교회를 세우기 위해 네트워크 구축에만 집중한다면 그것은 큰 오산이다. 네트워크의 형태와 구성원은 그 네트워크를 통해 흘러가는 내용보다 중요하지 않다. 이 부분에서 칼뱅과 성공회의 사례가 도움이 되는 이유는 그들이 그리스도와의 올바른 소통의 중요성을 지적하기 때문이다. 바로 이것이 우리의 핵심 관심이어야 한다. 어떻게 그리스도를 전할 수 있을까? 좀 더 관계적인 측면에서 표현하자면, 네트워크가 어

---

4  위의 책.

떻게 그리스도와의 교제와 거룩한 삼위일체의 춤을 촉진시킬 수 있을까? 여기에서 칼 바르트(Karl Barth)의 신학이 해줄 말이 있다.

바르트는 스위스인이지만, 그는 전쟁 이전에 독일에서 신학자로 활동을 시작했다. 1930년대 그는 나치 당의 정치 철학에 반대하는 독일의 고백 교회 사람들과 연대하고 있었다. 1935년, 바르트는 본(Bonn) 대학에서 강의하던 중 추방당해 스위스로 돌아갔다.[5] 바르트의 기념비적 작품인, 『교회 교의학』(The Church Dogmatics)은 하나님에 대한 교회의 고유한 이야기가 참으로 하나님의 말씀인지 어떻게 우리가 확신할 수 있는지를 밝히기 위해 쓰여졌다.[6] 바르트의 관심은 교회가 하나님에 관한 이야기를 검토하는데 도움이 되는 신학적 체계를 완성하는 것이었다. 그는 이런 검토와 수정의 과정을 "교의학"이라 불렀다.[7] 교의학의 목적은 하나님의 말씀을 선포하는 일에 더욱 충실할 수 있도록 하는 것이다. 따라서 바르트의 작업은 우리가 어떻게 리퀴드 처치의 본질을 생각할 수 있는지 그 출발점을 제공한다.

---

5   Eberhard Busch, *Karl Barth: His Life from Letters and Autobiographical Texts* (trans. John Bowden; London: SCM Press; Philadelphia: Fortress, 1976), 263.
6   Karl Barth, *Church Dogmatics 1/1*, ed. G. W. Bromiley and T. F. Torrance (2d ed.; Edinburgh: T&T Clark, 1975), 3.
7   위의 책, 11.

## 물 점검하기

칼뱅과 마찬가지로 바르트도 참된 교회의 기준은 복음을 올바르게 선포하고 성례를 바르게 행하는 것이라고 설명했다.[8]

바르트는 하나님의 말씀을 선포하는 존재인 교회가 성도들을 잘못된 방향으로 인도해서는 안 된다고 주장한다. 교회의 선포는 "언제나 인간의 말이며 앞으로도 그럴 것"이다.[9] 그러나 동시에 인간의 말은 곧 "하나님의 말씀"이기도 하다. 그러나 교회가 말하는 모든 것이 반드시 또는 필연적으로 하나님의 말씀은 아니다. 하나님의 말씀은 하나님의 활동을 통해 "선포"된다.

> 성만찬의 떡과 잔이 단순하고 가시적으로 거기 있고, 성찬식에서 나누고, 먹고, 마시는 행위도 단순하고 가시적으로 볼 수 있는 것처럼, 교회와 선포 역시 단순하고 가시적인 것으로 거기에 있다. 그러나 그것은 계시와 신앙의 현실로서, 신학적 실체로서 단순히 가시적으로만 놓여 있는 것은 아니다. 성찬은 언제나 이렇게 존재해 왔다.[10]

---

8   위의 책, 72.
9   위의 책.
10  위의 책, 88.

하나님 말씀이 계시 되는 사건은 설교를 진정한 선포로 만든다. 우리는 떡과 잔을 볼 수 있고, 설교를 들을 수 있지만, 그것이 진정한 계시가 되게 하는 것은 오직 하나님으로부터만 온다. 바르트에게 말씀의 계시 사건은 결코 예측되거나 보장될 수 없지만 반복될 수 있는 사건이다.[11]

비록 교회가 말씀을 통해 하나님의 계시를 "예측"할 수는 없지만, 교회는 여전히 말씀을 선포하도록 부름을 받았다. 하나님에 관해 말하는 것은 역사와 상황에 의해 영향을 받은 인간의 활동이며 필연적으로 그럴 수밖에 없다. 바르트가 말했듯이 "하나님에 관한 이야기는 모든 시대마다 구체적이고 독특한 이야기였다."[12] 놀라운 것은 특정한 이야기가 하나님 말씀을 계시하는 계기(occasion)가 될 수 있다는 사실이다.

바르트는 교회의 설교와 성례전을 분명히 우선시했지만, 하나님에 관해 이야기할 수 있는 다양한 경우를 인정한다. 그는 특별히 젊은이들의 교육을 예로 들면서, 사회사업도 "하나님에 관해 이야기하는 것"으로 생각할 수 있다고 말한다. 바르트는 설교와 함께 교회의 예전과 찬송가에 대해서도 언급했다. 이들 역시 선포이기에 신학적으로 면밀히 검토되어야 한

---

11  위의 책.
12  위의 책, 78.

다고 말한다. 그는 찬송가가 개정될 때 신학자들에게 거의 자문을 구하지 않았다고 지적하면서 유감스럽게도 "그 결과가 당연하게 나타났다"고 말한다.[13] 또한 그는 많은 경우는 아니지만, 하나님께서 교회 밖의 사람들을 통해서도 말씀하실 수 있다는 것을 인정한다.[14]

그러나 이런 경우 몇 가지 문제가 발생하는데, 이러한 다양한 표현들을 언제 그리고 어느 정도까지 하나님 말씀의 선포로 인정할 수 있는가이다. 여기에서 교의학의 역할은 하나님에 관한 논의를 교회가 성찰할 수 있도록 비평적인 문화를 발전시키는 것이다.

리퀴드 처치가 진정한 교회가 되려면, 이런 문제들을 진지하게 받아들일 필요가 있다. 그렇게 함으로써 바르트의 정신에 따라 신앙을 지키면서도, 더 넓은 범위의 소통을 교회가 하나님에 대해 이야기하는 것으로 인정할 수 있을 것이다. 오늘날 교회들의 다양한 활동을 바르트가 상상하지 못할 수도 있지만, 우리가 이것들을 하나님의 이야기로 인정할 때, 그곳은 하나님이 계시 되는 장소가 될 것이다. 이런 유형의 소통에 관한 신학적 논의는 필수적이다. 이를 위해서는 관련된 이들의

---

13  위의 책, 81.
14  위의 책, 80-81.

신학적 헌신이 필요하며, 기독교 이야기에 관한 몇몇 개념들이 중요하다.

## 기독교 이야기 고수하기

『이야기 전달하기』(Telling the Story)에서 앤드루 워커는 복음을 그리스도인들의 "거대한 내러티브"로 묘사한다.[15] 기독교의 복음은 여러 세대에서, 다양한 방식으로, 다른 강조점을 가지고 전해졌지만, 이 이야기의 기본적인 형식은 짧은 문장으로 설명이 가능하다. 워커는 교회의 역사적인 신앙고백으로 평가할 수 있는 "거대한 내러티브"에 관해 다음과 같이 설명했다.[16]

> 역사적으로, 거대한 내러티브인 복음은 하룻밤이 아니라, 오랜 역사와 경험을 통해 서로 연결된 구약과 신약의 긴 이야기에 근거한다. 또한 초기 교회의 사도들, 교부들 그리고 학자들에 의해 이야기의 순서가 정리되었고 신학적인 성찰도 더해졌다.[17]

---

15  Andrew Walker, *Telling the Story: Gospel Mission and Culture* (London: SPCK, 1996), 13.
16  위의 책, 13-14.
17  위의 책, 12-13.

워커의 요점은 이 이야기를 그리스도인들이 자신의 이야기로 삼는다는 점이다. 우리는 계속해서 그 이야기를 다시 들려줄 필요가 있다. 우리가 다르게 표현할 수 있지만 이야기의 기본 구조는 동일하게 유지된다. 문화와 교회에 따라 강조점은 다르지만, 기본적인 구성과 요소는 비슷하게 흘러간다. 거대한 내러티브에 관한 워커의 묘사는 시간과 세계의 밖에 계신 하나님의 형상을 닮은 인간의 창조에서 타락으로 전개된다. 그리고 하나님께서 이스라엘 민족과 그리스도의 생애를 어떻게 다루셨는지에 대한 설명으로 이어진다. 하나님의 계시인 예수의 탄생, 죽음, 부활 그리고 승천의 구속사는 내러티브의 핵심을 이룬다. 그리고 그리스도의 길을 따르는 제자 공동체인 교회가 등장하고, 교회는 예수의 복음을 전파한다. 종말에 이르러 만물은 그들의 목적을 완성하며 하나님의 영원한 생명과 함께하게 된다.[18]

그리스도인들이 이해하는 거대한 내러티브 개념은 바르트의 교회 교의학보다 조금 더 접근이 쉽지만, 바르트가 말한 교회론에서 신학의 역할과 비슷하다고 볼 수 있다. 리퀴드 처치의 네트워크를 구성하는 개인과 그룹은 교회의 전통과 신앙고백에 뿌리를 둔 기독교의 정통성을 수용하면서 자신의 한

---

18  위의 책, 13-14.

계를 이해한다. 이러한 유동적인 환경에서 교회 생활은 끊임없이 변화하는 네트워크 안에서 소통과 관계가 계속되기에, 하나님 백성의 이야기는 자신의 신학적 뿌리와 리퀴드 처치를 연결한다. 정통(orthodoxy)을 향한 신념은 흐름의 한복판에서 확신을 제공한다. 다양한 시대의 개인과 그룹은 네트워크를 통해 전달된 내용을 핵심 신학으로 활용할 수 있으며, 이것은 교회 생활의 새로운 표현과 재구성의 원천이 될 수 있다. 어떤 사람들은 바르트가 생각했던 방식으로 신학자처럼 말하고 행동할지도 모른다. 네트워크 안에는 기독교 역사에서 흘러온 리퀴드 처치를 평가하고 점검하는 것을 소명으로 삼는 이들이 있을 수 있다.

## 리퀴드 처치와 하나님의 말씀

교회의 가장 우선되는 책무는 그리스도의 복음을 전파하는 것이다. 종교개혁자들과 바르트가 전한 메시지의 핵심은 교회의 순수성이 결코 제도적인 방법으로 보장되지 않는다는 것이다. 교회는 진실로 그리스도와 소통할 때 교회가 될 수 있다. 바로 이것이 리퀴드 처치가 강조하는 지점이다. 교회 네트워크의 중심에 그리스도께서 계시기 때문이다.

다른 교회와 마찬가지로 리퀴드 처치가 실패하지 않을 것이라는 보장은 없다. 우리가 할 수 있는 것은 신학적 원칙을 분명하게 표현하고, 새롭게 제기되는 사항들을 점검하는 것이다. 이 과정이 특별히 완벽한 것은 아닐뿐더러 솔리드 처치의 방식과도 크게 다르지 않을 수 있다. 보통의 교회가 어떻게 신학적 견제와 균형을 가지고 작동될 수 있을까? 리퀴드 처치도 일반적인 교회와 비슷한 방식으로 움직인다. 차이가 있다면 네트워크의 흐름의 차원에서 관계적 소통과 신앙의 상품화를 더욱 진지하게 받아들이는 것이다. 이를 통해 교회는 관계를 통한 소통에 관심을 기울이면서 더욱 역동적이고 살아 있는 하나님의 말씀에 신실할 수 있게 될 것이다.

# 8장

# 하나님을 향한 갈망

리퀴드 처치는 교회를 향한 태도의 근본적인(radical) 변화를 일으킨다. 교회 리더들이 오늘날 소비주의 문화를 진지하게 성찰하고 받아들이려면, 근본적인 마음의 변화가 필요하다. 물질주의 자체를 반대하거나 소비자들의 선택을 악으로 규정하는 대신, 소비문화의 감수성을 이해하고 수용할 필요가 있다. 우리는 사람들의 바람과 사회변화를 일으키는 요소들에 긴밀하게 연결된 교회 생활을 고민할 필요가 있다. 교회는 사람들의 영적인 필요를 채워주는 모임에서 그들의 올바른 욕구를 자극하는 방향으로 전환되어야 한다. 지금까지의 솔리드 처치는 사람들에게 하나님의 필요성을 확신시키고,

이 필요에 대한 응답으로 구원을 전달하기 위해 세워졌다. 하지만 리퀴드 처치는 사람들의 필요(need)를 욕망(desire)으로 대체한다.

## 필요에서 욕망으로

필요는 현대 사회를 발전시킨 핵심적인 동력이다. 토니 월터(Tony Walter)는 필요에 관한 생각이 심리학, 자기 계발 붐 그리고 치료의 과정에 깊이 배어 있다고 지적한다. 그는 현대 사회에서 필요는 절대적인 요소이기에 그것을 부정적으로 인식하는 것을 멈추었다고 한다.[1] "오늘날 사람들은 필요가 없어져야 할 나쁜 것이 아니라 오히려 충족되어야 할 좋은 것으로 가정한다."[2] 월터는 교회가 필요의 언어를 어떻게 받아들였는지 살펴본다. 이 새로운 환경에서 하나님은 "우리의 필요를 채워주시는 분"이 되셨다.[3]

솔리드 처치는 필요의 중재자로 자리매김해왔다. 교회의 프로그램들은 지역 공동체의 필요를 충족시키기 위해 개발되었고, 전도 역시 '사람들이 하나님을 필요로 한다'라는 가정에서 출발한다. 이런 측면에서 필요는 예상될 뿐 아니라, 때에 맞는

---

1   Tony Walter, *All You Love Is Need* (London: SPCK, 1985), 4
2   위의 책.
3   위의 책, 5.

적절한 처방전을 얻을 수 있었다. 어쩌면 잘 알려진 것처럼 가부장적인(paternalistic) 권위와 관련되어 있는지 모른다. 필요는 제한적이고, 영역적이며, 인간 공통의 조건 중 일부로서 채워지고 충족되어 왔다.

덩치 큰 솔리드 처치는 영적인 필요가 무엇인지 가르쳤고 나름의 프로그램으로 그것을 채우고자 했다. 반대로 리퀴드 처치는 필요의 개념을 설명하거나 어떠한 범주로 규정하지 않는다. 유동적인 현대 사회에서 필요와 소비의 관계는 고정적이지 않다. 우리가 잘 알듯이, 쇼핑은 물질적 대상을 획득하는 것보다, 그 대상에 부과된 의미를 소비하는 것과 더 깊이 관련되어 있다.[4] 이러한 변화는 새롭고, 유연한 환경을 바탕으로 한다. 소비 행위는 더 이상 삶을 위한 물질적 충족을 의미하지 않는다. 대신 우리의 자존감과 관련된 더욱 본질적인 무엇이다. 따라서 쇼핑은 필요에 의한 것이 아니라 욕망을 위한 것이다.[5]

슈퍼마켓과 쇼핑몰에서 우리의 선택을 이끄는 것은 필요가 아닌 욕망이다. 우리는 다양한 상품들과 연결된 이미지, 브랜드 연관성, 지위를 욕망한다. 그러므로 쇼핑은 우리 자아를 넘

---

4  6장을 보라.
5  Bauman, *Liquid Modernity*, 74

어선 그 무언가를 찾는 행동이다. 지그문트 바우만에 의하면, 욕망은 필요보다 "일시적이고 회피적이며 변덕스럽기까지 하다."[6]

욕망은 필요와 동일한 방식으로 충족되고 만족스러워질 수 없다. 욕망은 우리 곁에 남아서 최선은 아니더라도 차선을 선택하도록 강요한다(욕망은 충족될 수 없기 때문에, 우리는 '완벽한 만족'을 기다리기보다는 지금 가장 나은 선택에 머물게 된다 -편집자). 이런 의미에서 욕망이 필요와 관련성이 없는 이유는 그 자체로 진정한 목적이나 성취를 이룰 수 없기 때문이다.

솔리드 처치는 영적인 필요에 근거를 둔 복음을 개발하면서 스스로 안정적인 역할을 담당해왔다. 그런 필요들은 예측되고 통제할 수 있었다. 솔리드 처치에서 사람들은 자신의 필요가 무엇인지 배우고 나름의 해결책도 제시받았다. 필요는 목회자와 종교 전문가들이 여전히 그들의 교회를 통제하고 있는 것처럼 보이게 했다. 문제는 우리 대부분의 삶이 더 이상 필요에 따라 움직이지 않는다는 사실이다. 우리를 움직이는 것은 예측하기 어렵고 훨씬 열정적인 욕망이다. 쇼핑몰과 교회에서 욕망은 우리 행위에 점진적으로 동기를 부여하고 무엇인가 선택하도록 한다. 만약 교회가 유연한 방식을 따르려

---

6  위의 책.

고 한다면 욕망의 기회와 한계를 받아들여야 한다.

## 하나님을 향한 갈망

리퀴드 처치는 사람들이 하나님과의 깊은 만남을 갈망한다는 깨달음을 통해 세워진다. 영적인 배고픔, 욕망 그리고 기쁨은 인간 이성의 수면 아래에 감춰져 있다. 잠깐 생각해보면 사람들이 집안 장식을 위해 촛불, 향수, 그림 등을 구매할 때 이런 물건들 뒤에는 영적인 차원이 있음을 알 수 있다. 정원을 가꾸는 최근의 트렌드에도 단순한 미적 취향이 아니라 영적인 차원들이 작동한다. 묵상, 고요함, 명상 그리고 회복을 불러오는 아름다움과 자연을 감상하는 것도 사람들이 정원에서 시간을 보내는 이유 중 하나이다. 비슷하게 우리가 음악을 듣거나 영화를 보는 것도 영적 추구의 측면들이다.

현대 사회에서 영적 욕망은 삶의 다양한 영역에서 관찰되며, 그런 욕망에 부응하여 거대한 산업들이 성장하는 중이다. 이들 중 상당수는 뉴에이지 운동의 일부로 여겨질 수 있다. 뉴에이지 운동이 다양한 활동과 신념들을 다루는 듯 보이지만, 전체적으로 볼 때 수백만의 사람들이 영적인 체험을 찾고 있다는 증거이기도 하다. 폴 힐라스(Paul Heelas)는 뉴에이지 활동과 믿음 사이의 차이를 인정하면서도, 두 가지 모두 "자아"(self)라고 하는 공통의 주제가 자리한다고 주장한다. 이런 종류의 영성은 "삶 속에서 무엇을 하거나 하지 말아야 하고, 온전함을 추구하는 것이 무엇인지, 그리고 진정으로 구원을 얻는 방법이 무엇인지를" 설명한다.[7]

현대 사회에서 사람들이 중요하게 여기는 영적 관심들이 있다. 뉴에이지에 대한 솔리드 처치의 응답은 예상한 대로 부정적이었다. 대다수 교회 목회자들은 뉴에이지를 잘못 이해하고 있으며 심지어 악마적인 것으로 생각한다. 이번 장에서 뉴에이지의 다양한 신념들의 신학적, 도덕적 적용을 논의할 필요는 없지만, 핵심은 훨씬 집약적이고 단순하다. 첫째, 뉴에이지와 관련된 다양한 활동들은 영적인 만남을 위한 거대한 욕망의 바다를 보여준다. 둘째, 영적인 욕망이라는 새로운 바다 위에 솔리드 처치가 있다는 사실이다.

교회는 그동안 사람들에게 하나님이 필요하다고 확신시키기 위해 노력해왔지만, 사람들은 다른 영적인 경험을 찾기에 분주했다. 가장 큰 문제는 사람들 대부분이 그들이 찾는 것을 발견할 수 있는 장소로써 솔리드 처치를 고려하지 않는다는 점이다. 이 질문은 우리를 보다 유연한 기독교 신앙의 필요성으로 이끌고 간다. 사람들이 자신을 "종교적이지 않지만

---

7  Paul Heelas, *The New Age Movement: The Celebration of the Self and the Sacralization of Modernity* (Oxford: Blackwell, 1996), 18.

영적이다"라고 할 때, 이것은 하나님을 갈망하면서도 그 해답
을 제도적인 종교 안에서 찾지 않겠다는 의미이다. 그 이유는
대체로 솔리드 처치가 배타적인 기독교 신앙을 위한 모임으
로 변질되었기 때문이다. 몇몇 사람들이 추구하는 안전과 피
난처를 향한 열망 뒤에서, 솔리드 처치는 제도적이면서 조직
적인 활동으로 구성된 멤버십 또는 소속감의 대가로 영적 경
험을 얻을 수 있는 공동체를 만들었다. 하지만 영적인 구도자
(seeker)는 믿음에 따르는 비싼 가격표를 바라본 뒤 다른 곳에
서 만족을 얻는다. 몇몇 구도자들은 윤리나 개인의 도덕성 면
에서 기독교 신앙이 너무 많은 대가를 요구한다고 비판한다.
이러한 비판은 뉴에이지 영성이 윤리적인 응답을 요구하지
않고 기독교 신앙보다 "부드러운 선택"(softer option)이라고
생각하는 일부 그리스도인들에 의해 제기되었다. 하지만 우
리가 교회 안으로 들어가보면, 그런 윤리적 우월함과 엄격함
이 우리의 미사여구와는 매우 다르다는 것을 알 수 있다. 도덕
과 윤리적인 선택에 있어서, 그리스도인들의 삶은 교회 밖의
사람들과 상당히 비슷하다.[8]

---

8   다음을 보라. James Davison Hunter, *Evangelicalism: The Coming Generation*
    (Chicago: University of Chicago Press, 1987); and Leslie J. Francis and William K.
    Kay, *Teenage Religion and Values* (Leominster: Gracewing, 1995).

## 유연한 복음 전도

우리는 두 가지 간단한 주장을 살피면서 상상의 리퀴드 처치에서 현실의 리퀴드 처치로 이동하려 한다.

1. 모든 사람은 영적인 욕망을 지닌다.
2. 교회는 하나님을 향한 사람들의 욕망을 중심으로 설계되어야 한다.

우리의 소비문화는 의미 있는 것을 향한 욕망을 바탕으로 한다. 욕망의 본질은 영적인 것에 있으며 우리 자아를 넘어서는 어떤 것을 향한 추구를 보여준다. 리퀴드 처치는 이러한 욕망으로부터 새로운 유형의 교회를 탄생시키고 신앙을 공유하는 것을 출발점으로 삼는다. 우리는 더욱 진지하게 이 주제에 머물 필요가 있다. 솔리드 처치는 교회 밖 세상에서 통용되는 신념과 공동체적 삶에 대한 전체적인 대립을 통해 자신의 정체성을 세워가는 경향이 있다. 세상이 자신을 반대할수록 사람들은 교회라는 피난처를 더욱 아늑하게 느낀다. 나는 우리가 이러한 사고방식을 버리고, 사람들이 이미 하나님을 갈망한다고 가정할 것을 제안한다. 그렇다고 사람들이 교회 안으로 들어가고 싶어서 필사적으로 우리의 문을 두드리는 것은 아니다. 오히려 사람들이 자신의 (진정한) 삶을 살기 시작했음에 주의를 기울여야 한다는 의미이다. 특히 그들이 이미 하나님을 향한 갈망을 다양한 방식으로 표현하고 있음을 인정해야 한다.

사람들이 하나님을 진정으로 갈망한다면 문제는 교회 밖의 사람들에게 있는 것이 아니다. 오히려 교회 안의 사람들에게 있다. 우리는 낚시에 관한 비유에서 잘 알 수 있듯이 심각하게 오해하고 있다. 교회가 낚싯배라고 가정해 보자. 우리는 배고픈 물고기로 가득 찬 바다에 둘러싸여 있다. 우리는 배 안에서 서투른 사람들이 빈약한 장비를 가지고 낚시를 하지만, 그래도 꽤 물고기를 잘 잡는 모습을 보고 있다. 심지어 하루 종일 미끼를 사용하지도 않는다. 이처럼 교회는 상당수의 사람이 영적으로 굶주리고 있는 바다에 위치한다. 이런 상황에서도 우리는 그들을 우리의 모임으로 데리고 오지 못한다. 우리는 보트와 낚시처럼 큰 건물과 탁월한 예배 모임을 갖추고 있다. 더욱 화가 나는 것은 그리스도 안에서 우리는 길과 진리와 생명이신 진정한 복음을 가지고 있지만 우리는 여전히 사람들에게 미끼를 잘 물게 할 수 없다는 사실이다. 교회와는 반대로, 영적인 자원도 거의 없고, 믿음의 형식도 잘 형성되지 않을 뿐 아니라 지역사회에서 존중받지 못하는, 즉 낚싯배도 갖추지 못한 이들의 활동들이 영적으로 갈급한 사람들의 필요를 채우고 있다. 교회에 속한 사람들은 저들이 하는 것을 보고 자신들의 낚시질에서 무엇이 잘못되었는지 알아내려고 노력한다. 그런 수준 낮은 경쟁자들로부터 무엇을 배울 수 있을까? 안타깝게도 교회는 화려한 배와 거대한 그물망을 자랑스러워하기에 그들로부터 어떤 교훈을 얻는데 실패한다.

우리가 낚시하는 방법을 배우기 원한다면, 진실로 사람들이 하나님을 갈망한다고 믿어야 할 것이다. 물고기들은 미끼에 반응한다. 리퀴드 처치는 영적으로 갈급한 소비자들이 참여한 예배를 중심으로 스스로 재구성될 것이다. 영적인 삶은, '쇼핑이 (영적인 차원을 포함한) 삶의 모든 영역과 자연스럽게 상호 작용하는 방법'이라는 것을 인정한다. 리퀴드 처치는 다양한 예배, 기도, 성경 공부와 같은 활동들을 위해 경직된 회중 중심의 모임들을 포기할 것이다. '주일 오전 예배는 지루하지만 궁극적으로는 성도에게 좋은 것'이라는 생각에 도전할 것이다. 개인적인 것뿐만 아니라 교회 전통의 다양성과 깊이를 추구하는 유연한 교회 생활의 모습으로 응답할 것이다. 유연한 교회의 소비자 중심 정서는 보수적인 교회의 정서인 "중도", "우리는 불쾌감을 주어서는 안 된다", "우리는 회중을 끌어안아야 한다"와 같은 하향 평준화된 모습을 피하려 할 것이다. 대신 수 많은 기독교 전통의 풍요로움을 끌어내는 다양한 영적 표현들을 사용할 것이다.

## 리퀴드 처치의 진실성과 선택

선택은 새로운 교회 모습의 토대가 되어야 한다. 물론 선택에 있어서 (영적) 소비자가 항상 옳다는 의미는 아니다. 리퀴드 처치는 영성에서 높은 수준의 진실성을 추구하고 그리스도에 대한 충성심에서 높은 수준의 진정성을 추구해야 한다. 우리가 솔리드 처치에서 인식한 것보다 더 신앙에 진실하다면 우리는 현대 문화의 열정과 에너지에 연결될 자원들을 찾을 수 있을 것이다. 이러한 움직임을 이끄는 신념은 단순하다. 사람들은 진정한 그리고 깊이 있는 하나님에 대한 경험을 갈망한다. 솔리드 처치는 진정한 영적 표현에 대한 열망을 과소평가하는 실수를 저질렀다. 그들은 사람들과 연결되고 관계맺는 과정에서 교회 생활의 도전적이고 극단적인 측면의 일부를 경시해왔다. 리퀴드 처치는 이런 과정을 되돌리려고 할 것이다. 선택에 대한 강조는 기독교 영성, 예배, 선교 활동의 다양함과 깊이를 탐구하면서 발전할 것이다.

선택에 관한 사례로써 공동체에서 다양한 형식의 기도를 개발할 수도 있다. 교회 건물이나 각각의 방에서 다른 형식의 기도를 드리도록 디자인해보는 것은 어떨까? 각각의 방들은 기도학교의 과정으로 인식될 수 있다. 강좌와 워크샵을 통해, 개인과 그룹들은 여러 유형의 영성 센터로 들어가서 다양한 전통의 신앙을 탐구할 수 있다. 각각의 공간은 기도의 다른 방법을 훈련하는 장소가 되면서 영적 지도 혹은 기도 훈련을 위한 공간이 된다. 성상(icons)을 가지고 기도하는 방, 창의적인 예술과 함께하는 기도 방, 운동을 통해 기도하는 방도 찾아볼 수 있을 것이다. 아로마 테라피나 향기로운 향과 함께 기도할 수도 있다. 정기적인 예배 시간 대신 이러한 신앙의 실천을 통해 성도들의 성장을 돕는 특별한 이벤트, 행사 그리고 전시회가 진행될 수 있다.

이러한 영성 센터는 신자들과 신앙에 이끌림이 있는 사람들이 신앙의 윤곽을 탐험할 수 있게 한다. 우리가 전통을 깊이 파고 들어감으로써 우리는 회중 중심의 따분한 신앙생활을 넘어서 기독교적 삶을 살 수 있는 자원들을 찾게 될 것이다. 이 모든 것에서 우리는 우리에게 에너지를 주시고 외부에서 그리고 내부에서 우리를 새롭게 하시는 하나님의 삶에 집중해야 한다. 성부, 성자, 성령 하나님은 우리의 예배와 세상에 참여하는 출발점이자 종착지이다. 소비자가 항상 올바른 선택을 하는 것은 아니지만 많은 경우 우리가 더 진실된 우리 자신이 되어 그들이 원하는 것을 줄 수 있다.

9장

# 흐름 규정하기 2
## : 성령과 은혜

리퀴드 처치는 대중문화 안에서, 영성과 의미를 향한 폭넓은 연구를 통해 자신의 에너지와 창조성을 찾을 것이다. 그러나 여전히 몇 가지 중요한 신학적 질문들이 남아있다. 이 중 가장 중요한 것은 소비주의 환경에서 어떻게 하나님의 사역을 이해해야 하는지 또 그의 활동에 어떤 한계가 있는지를 파악하는 것이다. 소비자의 선택에 기반한 모든 네트워크 시장이 좋은 것은 아니다. 불법 마약 거래가 그 예이다. 하지만 모든 사람이 영성을 욕망한다는 것을 전제한다면 우리는 교회가 이런 (영적) 시장의 필요를 충족시킬 수 있는 체계를 갖추어야 한다.

7장에서 우리는 기독교 정통성에 관한 신학적 관점에서 리퀴드 처치의 한계를 살펴보았다. (교회의) 규칙과 책임에 관한 논의는 항상 하나님 말씀과의 소통에 관련된다. 이번 장에서는 리퀴드 처치의 신학적 체계에 관한 질문으로 돌아가서 성령론과 은혜의 신학에 집중할 것이다. "생명의 영"으로서 성령의 사역에 관한 위르겐 몰트만의 신학은 우리에게 어떻게 하나님께서 대중의 영성 안에서 활동할 수 있는지 이해하게 한다. 이러한 통찰은 아브라함 카이퍼(Abraham Kuyper)가 발전시킨 특별은총과 일반은총의 신학과 비교할 수 있다. 후반부에는 조나단 에드워즈(Jonathan Edwards)의 사상을 통해 종교적 경험을 구별하는 방법을 살필 것이다.

**생명의 영**

몰트만은 어떤 형식에도 얽매이지 않는 사람들의 경험들도 하나님의 영이 활동하시는 영역으로 진지하게 받아들여야 한다고 주장한다. 우리가 하나님을 교회 안에 가두거나, 성령님을 특별한 설교 형식을 통해서만 역사하시는 분으로 이해한다면 그것은 하나님을 제한하는 것이 다.[1]

---

1   Jürgen Moltmann, *The Spirit of Life: A Universal Affirmation* (London: SCM Press, 1992), 2. 『생명의 영』(서울: 대한기독교서회, 2017).

…하나님의 성령이 교회, 말씀과 성례, 권위, 제도와 사역에 묶여 있다는 주장은 교회를 더욱 빈곤하게 만든다. 그것은 교회를 텅텅 비울 뿐 아니라 성령님을 인격적인 체험과 자발적인 활동으로부터 거리를 두게 한다.[2]

몰트만은 신자들 안에서 일어나는 성령의 경험은 영성에서 중요한 요소이며, 그러한 경험이 교회에만 국한되지 않는다고 설명한다. 우리는 교회 제도권 밖에서 역사하는 하나님의 사역으로서 성령에 관한 신학을 발전시킬 필요가 있다. 또한 하나님의 사역은 기독교 공동체를 넘어서며 개별 신자들의 활동 또한 초월한다는 사실을 인정할 필요가 있다. 이러한 변화를 통해 하나님을 교회에 의해 제한되는 존재로 간주하지 않을 뿐 아니라 세상 속에서 하나님의 활동을 포용하는 신학으로 나아갈 수 있다. 이런 점에서 몰트만의 성령론은 우리의 생각을 변화시킬 수 있는 핵심적인 사상이라 할 수 있다.

그의 출발점은 하나님의 영과 생명 사이의 연결고리인 "생명의 영"을 확인하는 것이다. 비록 많은 사람들이 은사주의적 영성이나 특별한 기독교의 신적 체험이 없겠지만 대부분 "생명의 영"에 관한 생각들은 가지고 있다. 몰트만은, 성령님을

---

2  위의 책.

"우리를 기쁘게 하시는 생명에 대한 사랑에서 볼 수 있고, 성령의 에너지는 우리 안에서 생명의 사랑을 일깨운다"고 말한다.[3]

성령님을 바라볼 때, 우리는 생명을 창조하시고 지속하시는 하나님의 능력을 보게 된다. 생명의 영과 성령님은 서로 연결되어 있다. 우리가 생명의 경험에 관해 이야기할 때, 성령님을 이 주제에서 제외할 수 없다. 오히려 우리는 성령님을 '생명을 생명답고 활기차게 만드는 모든 것에 필수적인 존재'로 보아야 한다. "성령님은 이 생명을 살아계신 하나님의 임재 안에 그리고 영원한 사랑의 강에서 살게 하신다."[4]

몰트만은 성령님을 생명의 일반적인 흐름과 연결시키기 위해, "생명의 영"이라는 용어를 사용했다. 『삼위일체와 하나님의 나라』에서[5] 그는 만물의 창조주로서 성부 그리고 "생명의 살아 있는 능력"으로서 성령에게 "적절한 독립성"을 부여했다.[6] 그 결과 우리가 성령님과 연결될 때 하나님에 관한 인식이 가능할 뿐만 아니라, 생명의 경험과 함께 하나님의 친

---

3    위의 책, x.
4    위의 책.
5    Jürgen Moltmann, *The Trinity and the Kingdom of God* (London: SCM Press, 1981).
6    Jürgen Moltmann, *The Spirit of Life,* x.

교와 사랑의 확신을 얻게 된다.[7]

이러한 깨달음은 공적인 교회 모임과 신실한 그리스도인들에게만 국한되는 것은 아니다. 하나님의 영은 사람들의 요청에 응답하고 하나님의 사랑과 현존의 경험으로 그들을 감동시킨다.

몰트만이 제안한 '생명의 영'은 하나님께서 교회에서 멀리 떠난 사람들 안에서도 활동하시며 그분의 활동이 활기차고 본질적이라는 것을 느끼게 한다. 만약 리퀴드 처치가 소비문화 방식을 삶의 한 모습으로 받아들인다면, 우리는 어떻게 하나님이 여기에 참여하게 되는지 알 수 있을 것이다. 그러나 그것은 생명을 주거나 생명을 추구하는 분이라는 범위 안에서 이루어져야 한다. 때때로 사람들은 생명이 주어지지 않기를 원하는 것처럼 보이지만 사실은 반대이다. 몰트만의 성령론이 생명을 주시는 하나님의 능력으로 이해될 때, 그것은 생명으로 이끄는 것과 아닌 것을 구별함으로써 소비주의 사회를 비판적으로 해석하고 포용하는데 도움이 된다. 물론 여전히 또 다른 문제가 남아 있다. 우리가 어떻게 생명을 지속할 수 있을까? 그리고 하나님의 구원 사역과 어떻게 생명의 영의 활동을 풍성하게 할 수 있는지를 구분할 수 있을까? 간단히 말

---

7    위의 책, 18.

해서, 생명과 영원한 삶의 관계는 무엇일까?

이 질문은 리퀴드 처치에게 매우 중요하다. 왜냐하면 우리는 순수하게 사람들의 소비적 욕망을 받아들일 수 없기 때문이다. 삶은 죄악으로 가득 차 있으며 사람들은 잘못된 길로 나아간다. 소비적 욕망이 주는 삶의 긍정적인 부분이 있지만 그것이 사람들을 그리스도의 구원으로 인도하는 것은 아니다. 좋은 예가 스포츠이다. 활동과 오락으로써 스포츠는 부인할 수 없이 좋은 점이 많지만, 축구가 실제로 우리를 하나님께로 인도할 수 있을까? 우리 팀이 경기에서 승리했을 때 우리는 살아 있고 활력이 넘친다고 느낄 수 있지만, 이것이 과연 하나님과의 만남과 같은 것일까? 만약 생명의 영에 대한 몰트만의 개념을 비판 없이 받아들인다면, 우리는 이 방향으로 이끌려 하나님 백성의 거대한 내러티브에 대한 신학에서 벗어나 우리 자신을 찾으려 할 것이다. 몰트만이 제안한 것을 수용할 때 분별하는 것이 필요하다. 이를 위한 하나의 방법은 하나님의 활동인 은혜를 다른 방식으로 묘사하는 것이다. 여기에서 아브라함 카이퍼의 일반은총과 특별은총의 구별이 도움이 된다.

## 일반은총과 특별은총

카이퍼 신학의 출발점은 칼뱅주의의 하나님의 섭리 교리이다. 만약 하나님이 다스리신다면, 하나님의 주되심은 삶의 모든 영역으로 확장되어야 한다. 하나님의 다스리심을 교회 건물이나 그리스도인의 영향력 범위로 제한시키는 것은 하나님의 주되심을 부정하는 것이다. 아브라함 카이퍼는 하나님의 관심이 오직 영혼에만 있다는 삶에 대한 이원론적인 접근을 피하기 위해 그리스도께서 교회의 안팎에서 일하고 있음을 인성하는 것이 중요하다고 말한다.[8]

이러한 사고방식은 당신의 삶에서 두 가지 구별된 사고의 영역 안에서 살게 한다. 하나는 영혼 구원에 관심을 둔 매우 한정된 영역이며, 다른 하나는 삶을 포괄하는 넓은 세상이라는 영역이다. 당신의 그리스도는 전자에는 계시지만 후자에는 계시지 않는다. (둘 사이의) 대립과 잘못된 비교는 모든 편협함, 모든 내면의 비현실, 모든 위선과 무력함을 불러일으킨다.[9]

이러한 문제들을 피하고자 우리는 하나님께서 교회와 세상

---

8  Abraham Kuyper, "Common Grace," pages 165-204 in *Abraham Kuyper: A Centennial Reader*, ed. James D. Bratt (Grand Rapids, Mich.: Eerdmans; Carlisle: Paternoster, 1998), 172.
9  위의 책.

에서 일하시는 방식을 생각해 볼 필요가 있다.[10] 카이퍼의 해답은 하나님의 은혜가 두 가지 방식으로 작동한다고 가정하는 것이다. 바로 일반은총과 구원 또는 특별은총이다.[11]

일반은총은 피조 세계를 보존하고 인간의 타락으로 치명적인 영향을 초래하는 흐름(tide)을 억제하는 하나님의 사역이다.[12] 일반은총이 없다면, 타락한 피조 세계는 더 이상 존재하지 않을 것이라고 카이퍼는 말한다. 일반은총은 역사가 발전하고 존재할 수 있도록 열린 가능성의 공간을 창조한다.[13] 인류의 모든 역사는 하나님의 손에 달려있으며, 그분은 과학, 교육, 예술 그리고 기술을 포함한 모든 진보와 발전을 향한 움직임에 관여하신다.[14]

일반은총은 모든 창조 세계에 대한 하나님의 사역을 설명하지만, 개인을 위한 하나님의 특별한 구원 사역이 아니다. 구원의 은총은 재창조의 사역으로써 하나님의 특별한 사역이다. 특별은총은 타락의 영향을 억제하는 일반은총의 사역을 넘어서서 새로운 것을 창조한다.[15] "구원받은 사람은 그리스

---

10  위의 책. 166.
11  위의 책. 168.
12  위의 책. 173.
13  위의 책. 174.
14  위의 책. 176.
15  위의 책, 174.

도 안에서 새로운 피조물이며, 새로운 존재이다."[16]

개인과 마찬가지로, 교회도 하나님의 새로운 창조물로 보아야 한다. 이 둘은 재창조되며, 피조된 것들의 구원에 관여한다. 물리적 또는 문화적 관점에서 새롭게 재창조된 공동체는 주변 사회 및 문화와 많은 특징을 공유한다. 동시에 재창조된 것은 (기원과 본성에 있어서) 창조로부터 설명할 수 없다고 카이퍼는 말한다. 새롭게 등장한 것은 기존의 창조된 것에서 나온 것이 아니며, 이전의 것으로는 충분히 설명할 수 없다. 즉 카이퍼에 따르면, 창조와 재창조 사이에는 그리스도의 사역으로 인해 중요한 불연속이 존재한다.

1884년에 글을 쓴 카이퍼는 당시 그리스도인들이 교회의 경계를 넘어서 사회에 참여하도록 독려하기 위해 이러한 구분을 만들었다. 그의 신학은 우리가 문화를 평가하는 방법과 그 문화 속에서 하나님의 사역을 구별할 수 있게 해준다는 점에서 도움이 된다. 카이퍼의 일반은총은 몰트만의 생명의 영 개념과 매우 유사하게 작동하면서, 기독교인들이 삶의 영역을 하나님과 신학적 세계관의 일부로서 가치있게 여기면서 삶의 더 넓은 체계를 이해하고 바라볼 수 있도록 돕는다. 창조 질서와 재창조 질서를 구분하는 것은 하나님의 구속 사역

---

16  위의 책.

을 보존하기에 도움이 된다. 이 구분은 하나님께서 예술의 영역에서 일하시더라도 그것이 항상 복음 전파를 목적으로 하지 않음을 명심하게 해준다. 리퀴드 처치에게 이 부분이 중요한 이유는 모든 것을 전도의 기회로 환원시키지 않고서도 문화 참여를 가능하게 하기 때문이다. 창조와 마찬가지로 재창조의 행위가 그러하듯 특별은총과 마찬가지로 일반은총 역시 교회 사역의 중요한 부분을 이루고 있음을 알아야 한다.

## 종교적 감정

만약 이 시점에서 지금까지의 논의를 멈춰버린다면, 우리는 모든 종교적 경험과 추구가 성령님께 축복을 받기 위한 것으로 여기는 심각한 위험에 처하게 될 것이다. 그렇게 된다면 어떤 종류의 교회도 실제로 필요하지 않게 되고, 그리스도 안에서 연합되고자 하는 생각도 거의 필요하지 않게 될 것이다. 따라서 사람들의 영적인 욕망과 종교적인 경험을 긍정하는 것과 모든 종교적 성향과 경험이 동등한 가치를 지니는 것은 아니라는 생각 사이에서 적절한 균형이 중요하다. 이 문제는 조나단 에드워즈에 의해 어느 정도 논의된 바 있다.

1746년에 처음 출판된 『신앙 감정론』(The Religious Affections)에서 에드워즈는 뉴잉글랜드 전역에 퍼진 부흥의 물결이 모든 종류의 종교적 표현과 경험을 가져온 것에 대해 성찰한다. 에드워즈가 사용한 감정이라는 단어는 우리의 특정한 성향과 그것들을 만났을 때 생기는 강력한 경험을 의미한다.[17]

에드워즈는 기독교 신앙에서 종교적 감정을 우선시한다.

> …참된 종교는 영혼의 성향과 의지의 활기차고 생동감 넘치는 행동, 즉 마음의 뜨거운 활동으로 구성된다는 사실을 누가 부인할 수 있을까? 하나님께서 요청하고 인정하시는 종교는 약함, 어리석음, 생기 없는 소망으로 이루어진 것이 아니며 무관심에서 겨우 벗어난 정도도 아니다. 하나님께서는 그분의 말씀 안에서 우리가 "성령으로 열렬히", 진심으로 종교에 열정적으로 참여할 것을 요구하신다.[18]

만약 기독교가 대부분 종교적 감정으로 구성되어 있다면, 우리는 어떻게 올바른 감정과 그릇된 감정을 구별할 수 있을까?[19] 문제는 하나님의 은혜가 "아주 작아서" 분별하기 어려울 수 있다는 점이다. 무엇이 하나님의 것이고 무엇이 하나님

---

17 Jonathan Edwards, *The Religious Affections* (Edinburgh: Banner of Truth Truth, 1961), 25. 『신앙감정론』(서울: 부흥과개혁사, 2005).
18 위의 책, 27.
19 위의 책, 50

의 것이 아닌지를 너무 성급하게 결정하는 것은 상당히 교만한 행동일 수 있다.[20] 또한 경험이 부족하거나 죄의 연약함 때문에 하나님의 역사를 보지 못할 수도 있다.[21] 에드워즈는 여러 가지 (종교적) 경험이 하나님의 은혜로운 활동의 표지가 아니고, 반대로 하나님이 일하시지 않는다는 표지도 아니라고 주의를 당부한다. 그의 관찰은 신체적인 부분과 종교적인 경험 등 여러 가지를 포함한다. 이러한 예는 신체에 미치는 특정 효과와 관련되어 있다. 에드워즈는 그리스도의 구원 사역에서 비롯되지 않은 모든 감정도[22] 신체적 변화를 일으킨다고 주장한다. 따라서 육체적 경험의 정도에 따라 그것이 하나님의 것인지 아닌지를 파악할 수는 없다. 동시에 하나님 경험은 매우 심오하기에 사람들이 성령 안에서 애통하거나 기뻐하는 것을 보고 놀랄 필요도 없다. 그렇다고 그런 활동이 하나님의 사역이라고 확신할 수는 없다. 어떤 상황에서는 하나님의 성령이 사람에게 영향을 미칠 수 있지만, 그것이 구원의 영향은 아닐 수 있다.[23] 에드워즈는 이러한 하나님의 영의 활동을 일반(common)적이라고 표현한다. 일반은총은 구원의 은

---

20  위의 책, 121.
21  위의 책, 59.
22  위의 책, 59.
23  위의 책, 69.

총 또는 특별한 은총과는 구별된다.

신약에서는 성령님의 어떤 영향을 받은 모든 사람을 일반적으로 영적인 사람이라고 부르지 않는다. 성령님의 일반적인 영향을 받은 사람은 영적인 사람이라고 부르지 않고, 성령님의 특별하고 은혜로우신 구원의 영향을 받은 사람들만 영적인 사람이라고 부른다.[24]

하나님의 영은 사람과 피조물 안에 거하지만, 하나님의 구원 사역과는 구분되며 심지어 하나님의 영을 경험한 사람들조차도 그분을 거절할 수 있다고 에드워즈는 말한다. 에드워즈가 말했듯이, "절제하지 않은 마음의 타락은 하나님의 영을 소멸시킬 수 있다."[25]

종교적 감정이 하나님의 은혜로운 활동으로 간주 될 때, 에드워즈는 그것이 참된 것으로 여겨질 때 나타나는 다양한 신학적 기준을 제시한다. 이러한 감정은 하나님에게서 온 것이기에 그분의 본성에 부합되며, 예수 그리스도 안에 계시된 참 하나님을 예배하는 방향으로 향하게 한다.[26]

---

24   위의 책, 126.
25   위의 책, 85.
26   위의 책, 120.

주의 깊은 겸손과 상식이 결합한 이러한 신학적 유형의 효과는 모든 경험을 하나님 사역의 표지로서 무비판적으로 수용하지 않고 오히려 모호성을 인정하는 종교적 경험의 이해 체계를 만들었다.

에드워즈는 리퀴드 처치의 발전과 관련된 여러 통찰을 제공한다. 첫 번째는 오늘날 소비자의 종교적 욕망 안에서 하나님이 일하시도록 허용할 수 있다는 것이다. 우리는 이 활동이 정확히 어떤 상태인지는 알 수 없다. 그러나 우리가 아는 것은, 하나님의 일반적 혹은 공통적인 사역으로 하나님의 영이 교회 밖 사람들의 영적 욕망과 경험 속에서 일하신다는 점이다. 이러한 경험이 하나님의 사역으로 평가될 수 있지만, 구원하는 특별한 은총은 아닐 수 있다. 그러나 그러한 경험은 전도가 발생할 장소들을 나타낸다. 하나님은 이미 공공선(common good)을 위해 일하고 계신다. 만약 하나님께서 일하신다면 우리는 그분이 하시는 일을 받아들여야 한다. 물론 모든 종교적 경험이 하나님의 것은 아니며, 모든 영적 욕망이 하나님을 향한 것도 아니다. 중요한 것은 우리가 새로운 유형의 소비 지향적 교회로 이어지는 문화의 변화들과 연결될 수 있다는 점이다.

## 성령, 은혜 그리고 감정

성령님을 생명의 영으로 간주해야 한다는 몰트만의 제안을 통해 우리는 하나님의 유연한 춤이 단지 인간 문화만이 아니라 창조 세계 전체와 어떻게 연결될 수 있는지를 알게 되었다. 우리 중에 하나님이 교회에만 계신다고 믿는 사람은 거의 없지만 우리는 마치 그런 것처럼 기도하고 행동해왔는지 모른다. 에드워즈의 신학은 몰트만의 신학에 대해 한 가지 주의할 점을 제안한다. 우리는 생명을 긍정하는 모든 것이 반드시 하나님의 영의 역사를 통한 구원의 은총이라고 가정할 필요가 없다.

소비문화에서 우리는 하나님의 복음을 굳게 붙잡으면서도 어느 정도의 혼돈과 유동성을 받아들일 수 있어야 한다. 이 과정에서 바르트와 몰트만, 그리고 카이퍼와 에드워즈가 우리에게 도움이 되는 틀을 제공해준다. 카이퍼는 은총의 활동에 관한 사회적이고 문화적인 이해를 제공한다. 그가 일반은총과 특별은총을 구분하는 것은 우리가 삶 속에서 성령님과 동행하고 영원한 생명을 향한 그리스도와의 교제에 참여하는데 도움이 된다. 그러나 문제점은 실제로 우리가 이러한 구분을 거의 할 수 없다는 것이다. 이러한 모호함으로 인해, 많은 복음주의자는 더 넓은 사회에 참여하기를 포기하고 오직 구원의 은총이나 특별한 영역에서만 일하겠다고 선언해왔다. 하지만 액체 근대 사회에서 그런 전략은 더 적절하지 않다(과거에 그랬을지라도). 리퀴드 처치는 유동적이고 네트워크로 연결된 하나님과의 교제가 모호하고 정의하기 힘들다는 것을 받아들인다. 가까이 다가갈수록 하나님의 창조와 구원 사역은 서로 뒤섞여 있음을 알 수 있다. 바로 이 지점에서 에드워즈가 필요하다.

에드워즈는 좋지도 않고 반드시 나쁜 것도 아닌 다양한 종교적 행위와 경험을 구별하려 했다. 그는 우리에게 영성의 모호함을 받아들이라고 권면한다. 종교적 부흥의 소용돌이를 직면한 그는 몇 가지 유용한 지침들을 제안했다. 대부분의 경우 우리는 하나님께서 구원을 위해 일하고 계시는지 아닌지를 쉽게 알 수 없다. 따라서 리퀴드 처치는 현대의 영적 추구를 긍정적으로 볼 수 있다는 확신으로부터 시작해야 한다. 하나님은 놀라운 방법으로 일하고 계실 수 있기 때문이다. 우리는 일반은총이라는 개념을 통해 이러한 확신의 목소리를 낼 수 있다. 이런 생각들은 하나님의 가능성을 긍정하고 받아들이게 하지만, 그것을 꼭 특별하다거나 구원론적이라고 간주할 필요는 없다. 리퀴드 처치는 특별은총을 우선시하고 구원을 향한 성령님의 사역에 집중한다. 교회의 네트워크 안에서 그리스도와의 교통은 구원을 위한 성령의 구별된 사역으로 특징지어져야 한다. 대중문화의 영성이 출발점이지만 더 구체적으로 성령의 특별한 사역을 발전시켜야 한다. 에드워즈는 이를 위한 언어를 제공하지만 동시에 어떤 종류의 하나님의 역사인지는 말할 수 없다고 경고한다. 리퀴드 처치 안에서 그리스도와의 교통과 성령의 사역은 모호해질 수 있다. 우리는 바람이 어디에서 부는지 정확히 알지 못한다. 바람이 어디에서 오고 어디로 가는지 알지 못한다. 리퀴드 처치가 소비사회에서 살아남으려면 하나님 사역의 모호함을 인정하면서도, 그리스도의 특별한 은총의 구원 사역에 헌신해야 한다. 에드워즈는 이 복잡하고 유동적인 환경에서 우리의 생각이 조정될 수 있다는 점을 보여주었다.

# 10장

# 리퀴드 처치 안으로

지금까지의 주장은 대부분 이론적인 단계에 머물러 있었다. 대부분 사회학과 신학의 관점에서 어떻게 유연한 교회가 가능할 수 있는지의 가능성을 탐구해왔다. 만약 리퀴드 처치가 현실화되려면 지금과는 전혀 다른 교회를 실질적으로 구현해야 할 것이다. 교회 생활의 어떤 측면들은 상당히 유연해질 것으로 보이지만, 사실 리퀴드 처치는 꿈과 같은 것이다. 우리가 상상만으로 구성된 생각을 전달하는 것은 지적 유희처럼 느껴질 수 있다. 특히 교회에 대한 상상은 올바르게 이해되기가 쉽지 않다. 하지만, 마지막 장에서 나는 내가 상상해왔던 리퀴드 처치의 특징들을 최대한 자세히 설명할 것이다. 솔리드 처치에 속한 이들에게 이번 장은 유연한 기독교 공동체로 존재하는 방법을 가르쳐 줄 것이다. 그렇다고 나의 주장이 기독교 세계(Christendom) 전역에 적용될 수 있는 철저히 고안된 계획이 아니라는 점을 밝혀둔다. 리퀴드 처치로 존재하는 창조적이고 다양한 방법이 있을 것이다. 그렇기에 지금까지의 주장은 새로운 형태의 교회에 관한 나의 불완전하고 희미한 상상들이다. '아, 이렇게도 될 수 있구나'라고 그들이 말해줬으면 한다.

## 상상 하나: 네트워크

리퀴드 처치는 관계적인 의사소통 체계를 통해 교회의 조직적인 모임들을 대체할 것이다. 네트워크화된 교회는 개인, 그룹, 조직을 계속되는 흐름으로 연결한다. 이 연결은 중심지 주변으로 사람들을 모으고 각각의 지점들을 세워간다. 중심부는 수련회 장소, 스포츠팀, 음악 모임, 레코드 회사, 기독교 상점 등이 될 수 있다. 개인과 그룹의 연결은 다양한 방식으로 하나님의 생명을 공유해 나갈 것이다. 예를 들면 사회 정의를 위한 연대 활동에 사람들이 참여할 수도 있다. 인터넷과 SNS 또는 개인적인 친분과 지역의 모임을 통해 이러한 활동들이 계획되고 실행된다. 네트워크가 작동하는 또 다른 방식의 예는 성경 공부 자료의 활용이다. 개인이나 기독교 단체에서 만든 성경 자료들은 네트워크를 통하여 널리 전파된다. 성경 공부 자료들이 인터넷에서 다시 사용되기도 하고, 한 사람이 다른 누군가에게 계속해서 건네주기도 한다.

또한 어떤 하나의 생각이 다양한 독서 모임을 통하여 연결되거나 그것을 중심으로 새로운 관계를 형성할지도 모른다. 이런 종류의 모임들은 이미 시행되고 있지만, 앞으로는 더욱더 비형식적 그리고 관계적인 연결의 중요성이 부각될 것이다. 네트워크에 있는 몇몇 사람들은 제품의 생산과 이벤트의 확산에 있어서 상당한 역할을 할 수 있다. 우리에게는 다양한 책이나 음반을 발행하는 기독교 회사들이 있다. 이러한 상품들은 내가 생산의 연결 중심이라고 부르는 것, 즉 지역 교회에 보내는 자료와 활동들을 만들어내는 창조적인 생산자들에 의해 보완되고 발전될 것이다. 리퀴드 처치의 리더들은 작곡가와 영상 제작자 그리고 행사 기획자들과 어울릴 필요가 있다. 이들은 다양한 허브의 중심에 서 있는 사람들이다.

개별적인 접촉점(node)들은 네트워크의 흐름에 대한 신뢰가 없는 사람들과 신뢰하는 사람들 사이를 연결해준다. 교회의 소속 여부는 더 이상 현장 예배의 참석 유무로 파악되지 않는다. 많은 웹사이트처럼 조회수로 그 중요성을 측정할 수도 있는데, 리퀴드 처치 역시 얼마나 많은 이들이 네트워크의 활동에 참여하고 있는지를 중요하게 여길 것이다.

## 상상 둘: 공동체

유연한 현대 사회에서 공동체는 지속적인 변화의 상태에 있다. 끊임없는 변화가 개인의 위기가 될 수 있는 것은, 비평가들의 주장처럼 함께할 수 있는 공동체가 점점 죽어간다는 비관적인 선언이 될 수 있기 때문이다. 하지만 내가 보기에 이것은 잘못된 평가이다. 공동체가 죽어가는 것이 아니라 변화되는 것이다. 사람들은 여전히 서로 함께 있고 싶어 하고, 여전히 중요한 관계를 맺길 원하며, 다른 사람의 삶에 변화를 주고 싶어 한다. 액체 근대 사회에서 이런 욕망은 끊임없이 소통되고 표현되고 있다.

이것의 한가지 예는 스마트폰의 활용인데, 우리가 걷거나 각자의 업무를 수행하면서 친구나 친척들에게 지속적인 연락을 시도한다. 그 결과 지속적인 접촉의 문화가 점점 발전하기 시작했다. 메시지를 전송하면서 적은 비용으로 대화할 수 있다는 사실은 수백만 명의 사람들이 새로운 형태로 연결될 수 있음을 의미한다. 영국의 젊은이들은 하루에도 수십 번의 메시지를 주고받는다. 하나 된 공동체로서 현장에 모이지는 않지만, 소통에 기반을 둔 다른 차원의 공동체라 할 수 있다. 이것은 단순한 가상의 공동체가 아니다. 메시지를 보내는 사람들은 서로를 잘 알고 있으며 정기적으로 대면해서 만난다. 메시지는 서로의 연결을 즐기는 오늘날의 방식이다.

기독교 공동체는 이런 유사한 방식의 소통을 그리스도 안의 교제로서 받아들일 필요가 있다. 대면 모임보다는 교회 안에서 발생하는 다양한 소통의 질과 종류가 중요하다. 대신 소그룹 모임과 온·오프라인 커뮤니티 활동이 리퀴드 처치의 한 측면이 될 것이다. 따라서 종교적인 예술품이나 기독교적 기업 윤리에 관한 생각을 나누는 모임들은 사람들이 연결되는 하나의 사례일 수 있다. 또한 모임의 의사소통은 스마트폰, 메신저, 이메일과 같은 매체 기술을 사용하게 될 것이다.

### 상상 셋: 선택의 공동체

리퀴드 처치는 예배, 기도, 성경 공부 등 다양하고 변화하는 여러 가지 활동을 선호하며 솔리드 처치의 조직적인 구조를 포기한다. '아침마다 드려지는 기도회는 지루하거나 취향에 맞지 않을 수 있지만 결국 모두 우리에게 좋다'라는 당연한 생각은 도전받게 될 것이다. 리퀴드 처치는 개인들이 욕망하는 것을 제공하거나 기독교 전통의 다양성과 깊음을 그려내기 위해 교회 생활의 유연한 형식을 재현할 것이다.

사람들의 관계와 소통은 선택에 따라 이루어질 것이다. 교회 공동체는 사람들이 추구하는 관심, 흥미 또는 매력들을 중심으로 성장할 것이다. 자연 속에서 추구하는 신앙의 영성 활동이 좋은 사례가 된다. 리퀴드 처치는 함께 기도하며 걷거나 영적인 여정에 관한 생각들을 고민할 수 있다. 유연한 모임들은 기도 생활과 걷기 활동을 연결하는 방법을 찾아낼 것이다. 또한 묵상과 등산을 결합한 활동으로 사람들을 인도할 것이다. 리퀴드 처치에서 운동과 상관없는 활동으로는 강을 따라 걷다가 멈추어 기도하고, 말씀을 묵상하는 것도 있다.

리퀴드 처치는 자기 선택적인 집단으로서 일반 교회보다 사회적으로 다양하지 못하다는 점에서 비판을 받을 수도 있다. 그러나 상당수 교회는 구성원들의 특징상 이미 한계를 안고 있다. 개인의 선택으로 형성된 공동체는 서로 공유된 관심사를 바탕으로 다양성을 취할 수 있다. 마치 유치원 자녀를 둔 부모들의 다양성처럼 말이다. 또 다른 사례는 같은 축구팀을 응원하는 사람들의 다양성이다. 이들 공동체가 누군가에 의해 결성된 것처럼 보이지만 사실은 비형식적인 관계들로 이루어져 있다. 이들의 연결은 의무감이나 획일적인 모임이 아닌 보다 자연스러운 소속감에 기초한다. 지역 공동체의 봉사 활동이나 노숙인을 위한 복지 활동, 전 세계의 수감자를 위한 정의 행동 등에서 비슷한 연결들이 나타난다. 이런 그룹들은 자원봉사 활동을 위한 공통의 장을 제공하면서 사람들을 연결시킨다. 기독교 공동체의 친밀함은 그저 공동체인 척하는 것이 아니라, 진정한 연결과 관계를 제공하면서 교회 생활의 질적 특성을 회복시킬 것이다.

## 상상 넷: 모범적인 리더

솔리드 처치는 안전하고 고정된 요새를 지킬 수 있는 사람들을 리더로 임명하는 반면, 리퀴드 처치의 리더십은 누군가의 임명이나 특정한 권위에 크게 의존하지 않는다. 리퀴드 처치의 예배자들이 자연스럽게 교회 활동에 참여할 때, 자신의 깨달음을 추구하는 사람들에게 이끌리어 그들을 리더로 세우려 할 것이다. 하나님을 만나고 그분의 임재를 느끼며 성령에 의해 변화된 자신을 발견하는 사람은 신자들의 거룩함, 제자도 그리고 열정의 모범을 보이는 교사가 된다. 예배자들의 관심 사항은 각각 다를 수 있다. 신자들은 거룩하게 영감에 사로잡혀 있거나 하나님의 성령으로 충만한 사람들을 찾는다.

하나님을 갈망하는 이들은 영적인 훈련의 여정을 걸어가는 리더들을 따를 것이다. 리퀴드 처치는 기존의 신앙 규범과 관습들을 하나님의 현존 안에서 살아가는 구체적인 삶의 방식으로 바꾸어 간다. 영적인 여정은 예수를 따르려는 사람들에게 때로는 엄격한 훈련 방식으로 제시될 수 있다. 리더는 영적인 여정에서 경이로운 광경과 위험한 길에 대한 이야기를 들려주는 동료 여행자 역할을 담당한다. 예수님의 십자가를 따르는 길은 헌신적인 참여일 뿐 아니라 상당한 고통을 감수해야 하는 일이다. 성령의 은혜와 활력으로 살아가는 삶은 그리스도를 향한 복종과 회개의 훈련에 참여하게 한다. 이러한 복음의 관점은 공동체 외부에 있는 권위 있는 사람들의 가르침 보다는 내부에서 모범으로 여겨지는 사람들에 의해 전파된 다.

교회 생활의 최소한의 공통분모는 거룩한 삶을 추구하는 것이 될 것이다. 이것은 건강과 체력의 차이에 관한 지그문트 바우만의 논의와 유사하다. 건강은 고체 근대성에 기반을 두 고 있으며 기본적인 규범, 규칙 및 표준화된 기대치를 수행하 는 것이다. 이와는 반대로 체력은 예상하지 못한 것에 대한 열 린 마음을, 즉 삶이 당신을 이끄는데로 향할 수 있는 준비된 자세를 말한다.[1]

리퀴드 처치는 건강보다는 체력에 더욱 가깝다. 최근에 나 타나는 영미권의 영성 운동(retreat movement)을 예로 들어보 자. 미국과 영국에서는 지난 몇 년 동안 수도원 및 종교 공동 체에서 진행되는 영성 훈련을 경험하는 사람들이 증가하고 있다. 그 이유 중 하나는 그리스도인들이 매주 예배당에서 공 급받는 영성보다 더 헌신적이고 열정적인 영성을 추구하기 때문이다. 리퀴드 처치는 깊이 있는 영성에 대한 이러한 관심 을 발전시킬 방안을 모색해야 한다.

또 다른 사례는 회중 지도자들이 영적 경험이나 훈련을 받

---

1  Bauman, *Liquid Modernity*, 77.

으면서 영적 지도력을 높이는 경우가 증가하고 있다는 점이다. 영성 지도자는 다른 사람들의 기도 생활을 인도하도록 훈련받은 사람들이다. 영성 지도자를 만나 자신의 기도 생활에 관해 이야기하는 사람들의 수가 꾸준히 증가하고 있다. 여기서도 우리는 사람들이 이미 교회의 지침을 넘어서는 영성을 추구하는 것을 알 수 있다. 교회의 고정된 편안한 생활 방식은 계속해서 요청되는 영적인 일상생활(routine)과 훈련을 통해 보완되고 있다. 수녀원(convent)과 수도원의 수도자들은 거룩한 삶의 모범과 안내자로 여겨진다. 이 외에도 많은 교구 성직자들이 영성 지도자로서 재교육을 받고 있는데, 이유는 그들 역시 더 깊은 영성을 욕망하기 때문이다. 리퀴드 처치는 사람들이 더 깊은 영적 여정과 사역에 대한 욕망을 표현하면서 교회 생활을 자유롭게 탐구할 수 있도록 인도한다.

### 상상 다섯: 사건과 상상

솔리드 처치는 매주 규칙적이고 정규적인 예배를 제공한다. 반면 리퀴드 처치는 행사와 다양한 활동들로 흥미롭고 상상력이 풍부한 접근 방식을 택한다. 오래전 영국 런던에서 열린 행사가 좋은 사례일 것이다. 밀레니엄을 기념하기 위해 런던의 국립 미술관에서 전시회를 열었다. 이 행사는 '구원을 바라보다'(Seeing Salvation)라는 제목으로 종교 예술, 특히 초기 기독교 시대부터 현재까지의 예수님을 표현한 특별한 작품들을 전시했다. 이 전시회는 그해 국립 미술관에서 가장 많은 관람객이 방문한 전시회 중 하나로 기록될 정도로 큰 성공을 거두었다. 또한 미술관에서 열린 행사를 보충하기 위해 BBC 방송국에서 다큐멘터리 시리즈가 방영되었다.

전시회는 잘 준비되어 있었고 몇몇 작품은 강렬한 인상을 주었다. 하지만 흥미롭게도 전시 도록을 살펴보니 전시회에 출품된 거의 모든 그림과 조각 작품은 런던 주변 또는 영국 내 다양한 갤러리와 박물관에서 가져온 것임을 알 수 있었다. 다른 많은 전시회와 달리 이 전시회는 영국에서 한 번도 본적 없는 것을 본다는 '특별함'의 요소에 의존하지 않았다. 작품 대부분은 국립 미술관의 소장품에서 가져온 것으로, 안목 있는 관람객이라면 방 몇 개를 돌아다니면서 언제든 볼 수 있는 것들이었다.

흥미로운 점은 왜 수천 명의 사람들이 이 전시회의 작품들을 보기 위해 몰려왔을까에 있다. 그 답은 국립 미술관의 여러 곳에 전시되어 있던 작품들을 한데 모아 매력적인 상품으로 만들었기 때문이다. 종교적인 그림과 조각 몇 점이 갑자기 홍보 포스터와 텔레비전 쇼, 그리고 "구원을 바라보다"라는 매력적인 이름을 가진 행사가 된 것이다. 가장 흥미로운 점은 미술관이 그림을 새로운 방식으로 전시하면서 사람들이 찾아와서 그림을 새롭게 볼 수 있는 방법을 찾았다는 것이다. 전시회에서 주목할 만한 점은 이런 작품들을 쉽게 설명하거나 대중화하려는 시도가 전혀 없었다. 런던 중심부의 최고급 미술관에서 전시된 진귀한 예술 작품들이었는데도 말이다. 전시회 도록과 다큐멘터리 시리즈에서 이러한 예술 작품의 신학적인 특징들이 분명하게 드러났다. 시청자들은 전시회 작품들이 그들을 신앙으로 이끌려고 의도적으로 고안한 종교 작품이라고 생각하지 않았다. 관람객들이 종교를 강요한다고 생각하면서 주최 측의 사과를 요구하지도 않았다. 또한 주최측도 전시회를 신앙적으로 설명하려고 하지도 않았으며, 단지 있는 그대로의 모습을 보여줄 뿐이었다. 이러한 작품들이 접근하기 쉬웠던 이유는 전시회를 새로운 방식으로 구성했기 때문이다.

　교회는 국립 미술관과 많은 공통점이 있다. 우리도 음악, 문학, 예술의 영적인 표현이라는 중요한 문화유산을 가지고 있다. 그래서 교회는 다소 답답해 보이고, 때로는 시대에 뒤떨어지거나 고리타분해 보일 수 있다. 기독교의 영광은 미술관의 그림들처럼 여러 세대에 걸쳐 끊임없이 보여지고 대중들로부터 큰 관심을 받아왔다. 일반적인 교회 예배당은 국립 미술관의 전시실과 어느 정도 닮아있다. 우리의 작품은 대중이 무료로 관람할 수 있도록 전시되어 있지만, 전체적으로 대다수 사람에게 멀리 동떨어져 있다. 우리가 배워야 할 것은 상상력을 자극하고 일반 대중의 관심을 불러일으키는 방법으로 신앙을 다시 표현하는 것이다.

어떻게 교회를 다시 새롭게 상상할 수 있을지는 동네 헬스장을 방문했을 때 떠올랐다. 그곳 게시판에는 무료로 체력 검사를 해준다는 간단한 포스터가 붙어 있었다. 규칙적으로 운동을 하지 않는 이들에게는 더 건강한 삶의 방식으로 돌아갈 방법이 필요하다. 물론 수영장, 헬스장, 축구장이 오래전부터 그곳에 있었지만, 체력 검사는 이런 종류의 운동을 다시 할 기회를 제공한다. 나는 이 부분에서 교회의 갱신과 영적 성장을 도모할 방법을 떠올렸다. 어쩌면 우리는 정기적으로 하나님과 만나는 방법을 찾아야 할지 모른다. 전문적인 상담사와 영적인 검진을 받는 것도 흥미로운 방법이 될 수 있다. 솔리드 처치의 문제점은 교회에 출석하는 모든 사람이 반드시 (신앙의) 검진에 참여해야 한다고 생각하는데 있다. 반면 리퀴드 처치는 단기간에 한정된 혜택을 제공하면서 안목 있는 소비자들의 눈길을 사로잡을 방법을 알고 있다. 이벤트 기간을 짧게 유지하는 것은 이벤트를 특별하게 만들기도 한다. 특히 언론을 다룰 때는 더욱 그렇다. 미디어를 통한 홍보 문화는 새로운 것에 의존하고 있기에 솔리드 처치의 규칙적인 홍보 패턴은 언론을 통해 큰 변화를 일으킬 수 없다.

리퀴드 처치는 새로운 이벤트와 상품을 정기적으로 제공해야 한다. 물론 새로운 것이 모두 새롭지는 않을 수 있다. 많은 미디어 이벤트는 오래된 것을 기념하는 행사이다. 예를 들어, 브로드웨이 30주년 기념 공연은 새롭게 단장하고 재연출할 이유가 충분하다. 클래식 작곡가의 기념일에는 그의 음악이 CD 세트로 재발매되기도 한다. 리퀴드 처치도 비슷한 형태로 영적인 이벤트와 신앙의 상품을 선보여야 한다. 리퀴드 사회에서 새로운 생산 라인을 만들지 못한다면 결국 무대에서 사라지고 말 것이다.

## 상상 여섯: 리퀴드 처치의 예배

예배는 모든 교회의 필수적인 요소이지만 앞에서 살펴본 것처럼 예배는 소그룹 모임이나 훨씬 큰 규모의 도시 축제는 물론 중형 교회에서도 드려질 수 있다. 하지만 리퀴드 처치가 어떻게 솔리드 처치의 문제를 재현하지 않는 예배를 제공할 수 있을까? 나는 이 부분에서 '탈중심적인'(decentered) 예배 즉, 회중 모임의 역동성에 의존하지 않는 예배의 몇 가지 사례를 설명할 것이다. 나는 네 가지의 전혀 다른 예배를 경험하면서 그러한 상상이 가능할 수 있다고 생각했다. 첫 번째는 2000년 사순절 기간 동안 런던의 세인트 폴 대성당에서 열린 실험적인 예배에서 가져온 동시대적인 사례이다. 두 번째

는 영국의 종교개혁 이전의 중세교회의 예배에 대한 묘사를
바탕으로 한다. 세 번째는 그리스 티노스(Tinos) 섬에 있는 정
교회의 정오 예배(midday prayers)의 경험을 바탕으로 한다.
마지막으로 그린벨트 페스티벌에서 내가 기획을 도왔던 예배
행사를 설명할 것이다.

### 세인트 폴의 미로(The St. Paul's Labyrinth)

세인트 폴 대성당의 미로 예배는 런던에 기반을 둔 여러 비
공식 예배 그룹에 의해 조직되었다. 미로는 카펫 위에 일련의
흰색 선으로 만들어졌다. 이 선들은 사람들이 걸을 수 있는 복
잡한 통로를 형성한다. 이 통로는 프랑스 샤르트르 대성당 바
닥에 있는 미로에서 영감을 받았다. 샤르트르의 미로는 고대
성당의 본당 바닥에 타일로 깔린 복잡한 통로이다. 중세 시대
에 성당을 찾는 순례자들이 미로를 걷거나 기어 다니면서 영
적 수련을 쌓곤 했다.[2] 중세의 예배자에게 미로는 성지로 향
하는 상징적인 여정을 의미했을 수도 있다.

세인트 폴의 미로에서 상징적인 여정은 일련의 기도처와
결합되어 있다. 걷기의 여러 지점에는 성찰, 묵상 그리고 기도

---

2    Daniel Miller, *A Theory of Shopping* (Cambridge, UK: Polity Press; repr., Ithaca,
      N.Y.: Cornell University Press, 1998), 18

를 위한 활동 공간들이 마련되어 있다. 예배자들은 미로 내 활동에 관한 음악과 음성 묵상 가이드가 담긴 개인용 도슨트 플레이어를 제공받는다. 기도처에는 여러 가지 다양한 활동들이 놓여 있다. 한 지점에는 물이 담긴 양동이가 있다. 예배자들은 자신의 삶에서 완벽하지 않다고 느끼는 부분, 저지른 죄, 잘못 경험한 일들을 성찰하도록 초대받는다. 그런 다음 잘못된 행위들을 하나님께로 넘긴다는 표시로 작은 조약돌을 물통에 떨어뜨린다. 다른 지점에는 노트북 컴퓨터가 있다. 컴퓨터 화면에는 여러 개의 촛불 이미지가 표시되어 있다. 컴퓨터의 스페이스 바를 누르면 이 양초 중 하나에 불을 붙일 수 있다. 예배자들은 어려움을 당한 친구나 세상의 어떤 상황에 대해 생각해보도록 요청받는다. 조용한 가운데 그들은 자신이 생각한 것을 위해 기도하고 화면에 촛불을 켜서 기도를 표현한다. 또한 여러 사람이 동시에 이 길을 걸으면서 개인의 기도와 영성에 도움이 되는 공동체적 경험을 나눌 수 있다.

### 영국의 종교개혁 이전의 예배

교회 예배가 항상 우리가 경험해왔던 방식으로 회중과 함께 하는 것은 아니다. 영국에서 종교개혁이 일어나기 직전인 15세기와 16세기 초의 지역 교회를 방문하는 것은 우리가 상상하는 것보다 훨씬 탈중심화된 경험일 수 있었다. 이몬 더피

(Eamon Duffy)는 이 시기에 성찬식에 참여하는 것이 부활절에만 한정되는 경우가 많았다고 설명한다.[3]

사람들이 일 년에 한 번만 성찬식에 참여했지만, 교회에서 "미사를 보는" 모습은 자주 볼 수 있었다. 이런 교회 참석의 초점은 사제가 성체를 그들의 머리 위로 들어 올리는 순간에 집중되어 있다. 이것을 당시의 성찬으로 불렀다. 이렇게 성체가 들어 올려지는 것을 보는 것은 예배자에게 상당한 축복이었다. 당시 영국 교회에는 중앙의 주 제단(main altar)이 있었고 교회 외부의 다른 예배당들에는 자체 제단이 있었다. 성찬은 여러 제단에서 많은 사제들이 집례했다. 더피는 예배 시간을 신중하게 조정하여 예배자가 여러 제단에서 사제가 성체를 올리는 것을 한 번 이상 볼 수 있도록 했다고 설명한다. 각각의 제단에서 성체가 올려질 때마다 종을 울려서 예배자들이 이 특별한 순간을 엿볼 수 있도록 했다.[4]

더피가 설명하는 당시의 예배 경험은 회중의 참석이라는 현대적 개념과 상당히 다름을 알 수 있다. 제단의 다양한 특징은 예배에 참여한다는 것이 다른 의미를 가질 수 있음을 알게 한다. 많은 사람은 교회에서 개인적인 기도를 드리다가 종소

---

3    Eamon Duffy, *The Stripping of the Altars: Traditional Religion in England 1400-1580* (New Haven, Conn.: Yale University Press, 1992), 93.
4    위의 책, 97.

리가 울릴 때만 중앙 제단이나 다른 제단에서 진행되는 성만찬 활동에 관심을 돌리곤 했다. 이러한 개인적이면서도 공동체적인 영성 개념은 현대 교회에서 볼 때 상당히 매력적이다. 이런 경험은 정교회 예배와 어떤 측면에서 많은 공통점을 지닌다.

### 그리스 정교회 예배

최근 휴일에 가족과 함께 그리스의 작은 섬에 있는 정교회 성당을 잠시 방문한 적이 있다. 이 성당은 성지 순례의 중심지였으며 정오 기도를 드리러 온 많은 사람들이 손을 모으고 무릎을 꿇고 기도했다. 성당 안에서는 다양한 활동들이 있었다. 예배자들은 거룩한 이콘(sacred icon)에 입을 맞추고, 촛불을 켜고, 준비된 축복의 빵을 먹고, 작은 병에 성유(holy oil)를 채우고, 성당 주변을 돌아다니며 더 많은 이콘에 입을 맞췄다. 이 모든 것이 진행되는 동안 예배가 드려졌다. 노래와 찬양이 계속되고 사제는 제단 앞에서 조용히 방문객의 기도문을 읽어내려갔다. 성당 한쪽에서는 사람들이 작은 종이에 기도문을 쓰고 있었고, 이 기도문이 사제에게 전달되었다. 예배자들은 다양하고 개별적인 방식으로 예배에 참여할 수 있었다. 예배는 공동체가 함께하는 순간이었지만 동시에 따로 분리되기도(decentered) 했다. 솔리드 처치의 특징인 정적인 그리고 수

동적인 회중 모임이 백만 마일이나 떨어진 것처럼 보였다. 예배에 참석한 사람들이 각자 하고 싶은대로 하는 것처럼 보였다. 몇몇은 서서 사제의 기도문 낭독을 들었지만, 대부분은 다른 활동들에 참여하고 있었다.

### 그린벨트 축제의 탈중심적 예배

나는 세인트 폴의 미로와 그리스 정교회의 예배에서 영감을 받아 나만의 리퀴드 워십 형식을 개발하려고 노력했다. 그러한 예배를 예술과 축제의 형식에 기반을 둔 영국의 그린벨트 페스티벌에서 기획했다. 이 예배는 하나님의 얼굴에 관한 아이디어를 중심으로 디자인되었다. 예배실 곳곳에 다양한 활동의 방들을 배치하고, 각각의 공간을 다른 주제들로 연출했다. 여기에는 그리스도의 사진과 불을 붙일 수 있는 양초가 준비되었다. 프린터도 있었고, 사람들은 자신의 얼굴을 찍어 프린트하도록 초대받았다. 사람들의 얼굴 사진은 예배 중에 전시되었다. 또한 커다란 거울이 있었는데 "우리가 다 수건을 벗은 얼굴로 거울을 보는 것 같이 주의 영광을 보매 그와 같은 형상으로 변화하여 영광에서 영광에 이르니 곧 주의 영으로 말미암음이니라"(고린도후서 3장 18절)라는 글귀가 적혀 있었다.

사람들이 도착하면 다양한 활동을 보여준 다음 약 한 시간

동안 찬양을 불렀다. 사람들은 자유롭게 찬양을 부르거나 조용히 기도하고 또 방안을 돌아다니면서 활동에 참여했다. 이 모든 것은 솔리드 처치의 특징인 회중 중심의 예배 형식에서 벗어나기 위한 시도였다. 이 예배는 축제에 참석한 많은 어린 이들이 좋아했는데, 다른 사람들이 깊은 묵상으로 기도하는 동안, 자유롭게 활동할 수 있었기 때문이다.

정교회 예배 형식과 세인트 폴의 미로는 어느 정도 전근대적인 영성과 전통을 나타내 보인다. 이러한 사례는 아마도 우리 교회들의 엄숙한 회중 중심의 삶을 넘어서는 한 단면이 될 것이다. 전통, 정체성, 영성 훈련 및 실천과의 관계에서 현대 사회의 경직된 구조와는 상당히 다른 방식으로 재조정하면서 보다 리퀴드 처치를 향해 나아갈 수 있는 방향을 제시해야 한다. 회중 중심으로 설계된 건축물을 다양한 예배 형식을 탐험할 수 있는 상상력이 넘치는 창의적인 공간으로 재창조할 수 있을 것이다. 탈중심적인 영적 공간은 특정한 종류의 예배를 위해 항상 사용될 필요는 없다. 미로는 개인적이면서도 공동체적인 경험을 통해 하나님과 깊은 만남을 경험할 수 있는 방법을 제공한다. 미로를 카페 일부로 활용하여 빵과 카푸치노뿐만 아니라 영적 탐험과 체험을 나눌 수 있는 장소로 만드는 것도 한 가지 방법이 될 수 있다.

## 리퀴드 처치로 나아가는 길

마지막 장에서 나는 리퀴드 처치로 발전할 수 있는 몇 가지 단서들을 제공하고자 한다. 이것은 현재 단지 꿈일 뿐이다. 교회 리더들과 그리스도인들이 이 꿈들을 받아들이고 생명을 불어넣을 때 현실이 될 수 있다. 이것은 생각보다 훨씬 쉬울 수 있다. 우리는 대부분 여러 관계망과 소통의 네트워크에 둘러싸여 있다. 우리를 둘러싼 네트워크는 우리가 원하기 때문에 존재하며, 우리를 위해서 작동한다. 다음 단계는 특별한 만남의 방식, 유통할 수 있는 상품, 커뮤니케이션이 중심이 되는 이벤트를 개발하면서 연결을 점점 확장하는 것이다. 이 모든 과정에서 이벤트와 모임보다 관계적인 연결에 우선순위를 두어야 한다. 우리가 개발하는 상품은 연결을 촉진하기 위한 것이지 그 자체가 목적이 아니다.

관계의 질은 그리스도 안에 참여하는 영성과 연결되어야 한다. 네트워크로 연결된 교회는 반드시 그리스도와 연결되어야 한다. 이것은 우리를 만지시고 새롭게 하시는 성령님의 역사에 기초한 신비롭고 영적인 현실이다. 리퀴드 처치는 어떤 교회 프로그램이나 선교 프로젝트가 아니라, 거룩한 삼위일체 하나님의 교제에 뿌리를 둔 공동체 그 자체이다. 하나님의 친밀한 춤은 초대를 수락하는 사람들만이 경험할 수 있을 것이다.

# 참고문헌

Athanasisus. "The Incarnation of the Word." Pages 36-67 in *Athanasius: Selected Works and Letters*. Edited by Archibald Robertson. *Nicene and Post-Nicene Fathers*, second series, vol. 4. Edited by Philip Schaff and Henry Wace. Peabody, Mass.: Hendrickson, 1995.

Barrett, C. K. *The First Epistle to the Corinthians*. London: A & C Black; New York; Harper & Row, 1968.

Barth, Karl. *Church Dogmatics 1/1*. Edited by G. W. Bromiley and T. F. Torrance. 2d ed. Edinburgh: T&T Clark, 1975. 『교회 교의학』(서울: 대한 기독교서회, 2007).

Baudrillard, Jean. *Selected Writings*. Edited and with introduction by Mark Poster. Cambridge, UK; Malden, Mass.: Polity Press; Stanford, Calif.: Stanford University Press, 1988.

Bauman, Zygmunt. *Liquid Modernity*. Cambridge, UK; Malden, Mass.: Polity Press, 2000. 『액체 현대』(서울: 필로소픽, 2022).

Beck, Ulrich. *Risk Society: Toward a New Modernity*. Translated by Mark Ritter. London: Sage, 1992. 『위험사회』(서울: 울리히 벡, 2006).

Bosch, David. *Transforming Mission: Paradigm Shifts in Theology of Mission*. American Society of Mission Series 16. Maryknoll, N.Y.: Orbis, 1991. 『변화하는 선교』(서울: CLC, 2017).

Bourdieu, Pierre. *Distinction: A Social Critique of the Judgment of Taste*.

Translated by Richard Nice. London: Routledge, 1986. 『구별짓기』(서울: 새물결, 2005).

Braaten, Carl E., and Robert W. Jenson, eds. *Christian Dogmatics*. 2 vols. Philadelphia: Fortress, 1984.

Bradshaw, Timothy. *The Olive Branch: An Evangelical Anglican Doctrine of the Church*. Carlisle: Paternoster for Latimer House, 1992.

Bratt, James D., ed. *Abraham Kuyper: A Centennial Reader*. Grand Rapids, Mich.: Eerdmans; Carlisle: Paternoster, 1998.

Bromiley, G. W. *Theological Dictionary of the New Testament*. Edited by Gerhard Kittel and Gerhard Friedrich. Abridged in one volume. Exeter: Paternoster; Grand Rapids, Mich.: Eerdmans, 1985.

Bruce, F. F. *1 and 2 Corinthians*. The New Century Bible Commentary. Grand Rapids, Mich.: Eerdmans, 1971.

Busch, Eberhard. *Karl Barth: His Life from Letters and Autobiographical Texts*. Translated by John Bowden. London: SCM Press; Philadelphia: Fortress, 1976. 『칼 바르트』(서울: 복 있는 사람, 2014).

Butler, Jon. *Awash In a Sea of Faith: Christianizing the American People*. Cambridge, Mass.: Harvard University Press, 1990.

Calvin, John. *Institutes of the Christian Religion*. Edited by John T. McNeill. Translated by Ford Lewis Battles. 2 vols. The Library of Christian Classics 20 and 21. Philadelphia: Westminster, 1960. 『기독교 강요』(서울: 생명의말씀사, 1988).

Carpenter, Joel A. *Revive Us Again: The Reawakening of American Fundamentalism*. Oxford: Oxford University Press, 1997.

Castells, Manuel. *The Rise of the Network Society*. 2d ed. Oxford: Blackwell, 2000.

Cunningham, David S. *These Three Are One: The Practice of Trinitarian Theology*. Challenges in Contemporary Theology. Oxford: Blackwell, 1998.

Davie, Grace. *Religion in Britain Since 1945: Believing Without Belonging*.

Making Contemporary Britain. Oxford: Blackwell, 1994.

Duffy, Eamon. *The Stripping of the Altars: Traditional Religion in England 1400-1580*. New Haven, Conn.: Yale University Press, 1992.

Dulles, Avery. *Models of the Church*. Dublin: Gill and Macmillan, 1976.

Dunn, J. D. G. *The Theology of Paul the Apostle*. Edinburgh: T&T Clark; Grand Rapids, Mich.: Eerdmans, 1998. 『바울신학』(파주: 크리스천다이제스트, 2019).

Edwards, Jonathan. *The Religious Affections*. Edinburgh: Banner of Truth Trust, 1961. 『신앙감정론』(서울: 부흥과개혁사, 2005).

Featherstone, Mike. *Consumer Culture and Postmodernism*. London: Sage, 1991.

Ferguson, Everett. *The Church of Christ: A Biblical Ecclesiology for Today*. Grand Rapids, Mich.: Eerdmans, 1996.

Fiddes, Paul S. *Participating in God: A Pastoral Doctrine of the Trinity*. London: Darton, Longman & Todd, 2000.

Finke, Roger, and Rodney Stark. *The Churching of America 1776-1990: Winners and Losers in Our Religious Economy*. New Brunswick, N.J.: Rutgers University Press, 1992.

Francis, Leslie J ., and William K. Kay. *Teenage Religion and Values*. Leominster: Gracewing, 1995.

Giddens, Anthony. *Modernity and Self-Identity: Self and Society in the Late Modern Age*. Cambridge: Polity Press; Stanford, Calif.: Stanford University Press, 1991.

Gunton, Colin E. *The Promise of Trinitarian Theology*. 2d ed. Edinburgh: T&T Clark, 1997.

Hatch, Nathan 0. *The Democratization of American Christianity*. New Haven, Conn.: Yale University Press, 1989.

Heelas, Paul. *The New Age Movement: The Celebration of the Self and the Sacralization of Modernity*. Oxford: Blackwell, 1996.

Hefner, P. J. "Ninth Locus: The Church." Pages 183-241 in *Christian*

*Dogmatics*. Edited by Carl E. Braaten and Robert W. Jenson. 2 vols. Philadelphia: Fortress, 1984.

Hunt, Stephan. *Anyone for Alpha? Evangelism in a PostChristian Era.* London: Darton, Longman & Todd, 2001.

Hunter, James Davison. Evangelicalism: The Coming Generation. Chicago: University of Chicago Press, 1987.

Jenkins, Henry. *Textual Poachers, Television Fans, and Participatory Culture.* London: Routledge, 1992.

Johnson, Douglas L. *Contending for the Faith: A History of the Evangelical Movement in the Universities and Colleges.* Leicester: Inter-Varsity Press, 1979.

Kay, William K., and Leslie J. Francis. *Drift from the Churches: Attitude Toward Christianity During Childhood and Adolescence.* Cardiff: University of Wales Press, 1996.

Küng, Hans. *The Church.* London: Search Press, 1968. 『교회』(서울: 한들출판사, 2007).

Kuyper, Abraham. "Common Grace." Pages 165-204 in *Abraham Kuyper: A Centennial Reader.* Edited by James D. Bratt. Grand Rapids, Mich.: Eerdmans; Carlisle: Paternoster, 1998. 『일반 은혜』(서울: 부흥과개혁사, 2017).

Ladd, G. E. *A Theology of the New Testament.* London: Lutterworth, 1974. 『신약신학』(서울: 은성, 2001).

Lyon, David. *Jesus in Disneyland: Religion in Postmodern Times.* Cambridge, UK; Malden, Mass.: Polity Press, 2000.

Miller, Daniel. *A Theory of Shopping.* Cambridge, UK: Polity Press, 1996. Repr., Ithaca, N.Y.: Cornell University Press, 1998.

Moltmann, Jürgen. *The Crucified God.* London: SCM Press, 1974. 『십자가에 달리신 하나님』(서울: 대한기독교서회, 2017).

―――――. *God in Creation: An Ecological Doctrine of Creation.* London: SCM Press, 1985. 『창조 안에 계신 하나님』(서울: 대한기독교서회, 2017).

_____. *The Spirit of Life: A Universal Affirmation*. London: SCM Press, 1992. 『생명의 영』(서울: 대한기독교서회, 2017).

_____. *The Trinity and the Kingdom of God*. London: SCM Press, 1981.

Moore, R. Laurence. *Selling God: American Religion in the Market Place of Culture*. Oxford: Oxford University Press, 1994.

Pahl, Jon. *Youth Ministry in Modern America 1930-Present*. Peabody, Mass.: Hendrickson, 2000.

Rayburn, J., III. *Dance, Children, Dance*. Wheaton, Ill.: Tyndale House Publishers, 1984.

Scannell, P. "For Anyone as Someone Structures." *Media Culture and Society* 22, no. 1 (January 2000): 5-24.

Simmonds, P. *Reaching the Unchurched: Some Lessons from Willow Creek*. Bramcott: Grove Books, 1992.

Sweet, Leonard I. *Aquachurch: Essential Leadership Arts for Piloting Your Church in Today's Fluid Culture*. Loveland, Colo.: Group, 1999.

Torrance, James B. *Worship, Community and the Triune God of Grace*. Carlisle: Paternoster; Downers Grove, Ill.: InterVarsity Press, 1996. 『예배, 공동체, 삼위일체 하나님』(서울: IVP, 2022).

Twitchell, James B. *Adcult USA*. New York: Columbia University Press, 1995.

_____. *Lead Us into Temptation: The Triumph of American Materialism*. New York: Columbia University Press, 1999.

Volf, Miroslav. *After Our Likeness: The Church as the Image of the Trinity*. Grand Rapids, Mich.: Eerdmans, 1998. 『삼위일체와 교회』(서울: 새물결플러스, 2012).

Walker, Andrew. *Telling the Story: Gospel Mission and Culture*. London: PCK,1996.

Walter, Tony. *All You Love Is Need*. London: SPCK, 1985.

Ward, Pete. *God at the Mall*. Peabody, Mass.: Hendrickson, 2000. Rev. and adapted from *Youthwork and the Mission of God: Frameworks for*

*Relational Ministry.* London: SPCK, 1997.

Wuthrow, Robert. *Loose Connections: Joining Together in America's Fragmented Communities.* Cambridge, Mass.: Harvard University Press, 1998.

Zizioulas, John D. *Being as Communion: Studies in Personhood and the Church.* Crestwood, N.Y.: St. Vladimir's Seminary Press, 1985.